吉林省科技发展计划创新发展战略研究一般项目（编号：2021061050FG）

吉林省哲学社会科学智库项目（编号：2021JLSKZKZB068）

吉林省教育厅人文社会科学研究“十三五”规划课题（编号：吉教科文验字 2020246）

中国地方高校学科建设财政专项支出绩效评价研究

张泉泉　著

Research on the Performance Evaluation of the Financial Special Fund for the Discipline Construction of Local Colleges and Universities in China

中国社会科学出版社

图书在版编目（CIP）数据

中国地方高校学科建设财政专项支出绩效评价研究/张泉泉著．—北京：中国社会科学出版社，2022.3

ISBN 978－7－5203－9704－9

Ⅰ.①中…　Ⅱ.①张…　Ⅲ.①地方高校—学科建设—财政支出—经济绩效—研究—中国　Ⅳ.①G647.5

中国版本图书馆 CIP 数据核字（2022）第 022932 号

出 版 人　赵剑英
责任编辑　刘晓红
责任校对　周晓东
责任印制　戴　宽

出　　版　中国社会科学出版社
社　　址　北京鼓楼西大街甲 158 号
邮　　编　100720
网　　址　http：//www.csspw.cn
发 行 部　010－84083685
门 市 部　010－84029450
经　　销　新华书店及其他书店

印刷装订　北京君升印刷有限公司
版　　次　2022 年 3 月第 1 版
印　　次　2022 年 3 月第 1 次印刷

开　　本　710×1000　1/16
印　　张　13.75
插　　页　2
字　　数　150 千字
定　　价　78.00 元

序　言

党和国家非常重视预算绩效管理。早在2002年党的十六届三中全会就高屋建瓴地提出要“建立预算绩效评价体系”；党的十七届二中、五中全会分别提出，“推行政府绩效管理和行政问责制度”，“完善政府绩效评估制度”；党的十九大和十九届五中全会先后提出，“建立全面规范透明、标准科学、约束有力的预算制度，全面实施绩效管理”，要“推进财政支出标准化，强化预算约束和绩效管理”。根据党中央的战略决策，全国人大、国务院就“强化预算绩效管理，提高预算资金使用效益”问题都做出了一系列相应部署。近20年来，经济学界从多角度、全方位开展了广泛深入的科学研究；各级政府及相关部门以高度负责的精神积极试点，不断探索，稳步推进，取得了明显成效。绩效管理的理念渐入人心，绩效管理的工作正向纵深发展。

张泉泉博士所著《中国地方高校学科建设财政专项支出绩效评价研究》（以下简称《绩效研究》，是她的博士学位论文，经答辩委员会的各位专家指点后修改而成。全书贯彻了新时代新发展理念，以独特视角来研究地方高校学科建设的预算绩效管理。

《绩效研究》的着眼点在地方高校。依照现行高校管理体制，全国大陆地区公办学校可分为“中央部属高校”和“地方所属高校”两类。地方高校有许多重要特点，比如，学校数量多，占全部公办高校的95%以上；学生人数多，是我国实现高等教育的主力军；分布范围广，全国31个省、市、自治区无一例外地拥有多所地方高校；关联程度高，地方高校与所在地的经济社会联系密切等。研究地方高校建设对研究区域经济社会发展，对研究全国高校以及全国的经济社会发展都有重要意义。

《绩效研究》的着力点在地方高校的学科建设。学科建设是高校的核心竞争力，是内涵发展的内生力，是高校工作的重点和难点。强化学科建设是建设强校的必由之路。习近平总书记《在全国高校思想政治工作会议上的讲话》明确指出：“党中央作出加快建设世界一流大学和一流学科的战略决策，就是要提高我国高等教育水平，增强国家核心竞争力。”这充分说明了建设强校和优质学科的重要性。当然，我们也清醒地认识到建设世界一流大学和一流学科目前还是少数高校的事情，但要强化学科建设则是所有高校不容推卸的责任。习近平总书记还说，要“鼓励高校办出特色，在不同学科不同方面争创一流”。随着“分类建设一流大学和一流学科”的实施，许多省、市、自治区提出了“高教强省”的战略。地方高校的许多学科源于并服务于区域经济与社会，我们应当顺势而为。求异孕育创新，特殊成就特色。地方高校应把握机遇，统筹谋划，科学定位，增强学科实力，实行差异化发展，努力培养更多时代需要的创新型、复合型、应用型人才。地方高校不是学科建设的“旁观者”“局外人”，而是责任在肩，大有可为。

《绩效研究》的着重点是地方高校学科建设的财政支出专项绩效管理。我们知道，“绩效管理”一词源于企业管理，随着时间的推移和经济社会的发展，“绩效管理”的应用也得到了拓展。预算绩效管理与企业绩效管理又是不同的。企业绩效管理的价值取向是企业效率，即经济效率；而预算绩效管理的价值取向是财政效率，即属社会效率，预算资金投入后要看其产出的社会效果及公众满意度。由于价值取向不同，绩效评价的目的、原则、体系、方法等都不尽相同。张泉泉博士通过梳理大量国内外资料，借鉴一些成功经验和做法，运用绩效预算的相关理论、抓住高校增强办学实力的“牛鼻子”——学科建设进行比较系统的研究，初步构建了地方高校学科建设财政专项支出绩效评价体系与绩效评价模型，并进行了实证分析，对促进地方高校加强学科建设、增强办学实力、提高财政资金使用效率和效益进行了有益探索。

推行预算绩效管理是我国预算管理制度的一次深刻变革。传统的预算管理存在着投入高、产出少、质量低、效益差的弊端。实施预算绩效管理是以绩效为核心，以绩效的“目标—结果”为导向，最终要看财政资金投入后产出实际效果怎样。实施预算绩效管理会带来一系列重大变化。一是工作重心变了，以“量”为重点转到以“效”为中心，体现了财政讲效率和效益的原则，符合新时代“以推动高质量发展为主题”的要求；二是思想观念变了，过去争预算多，讲实效少，实行预算绩效管理后提高了效率意识和责任意识，越来越多的人认识到使用财政资金要进行绩效评价，对不讲绩效者要问责，“花钱讲绩效”不仅是一种思想境界，更是一种应尽责任，理念是行动的先导，理念的转变必然会带来预算绩效管理新气象；三是管理制度变了，由于预算管理的重心发生了转变，绩效评价成为中心环节，就需要用改革创新的办法有针对性地解决发展中的各种矛盾，兴利除弊，建立和完善科学规范、协调配套的预算绩效管理制度，提高财政治理能力，为国家治理奠定坚实基础。除上述外，诸如机构管理职责、管理机制、管理手段、管理方法等都会发生相应变化，这是毋庸置疑的。

推进预算绩效管理要统筹谋划抓关键。凡事预则立，不预则废。预算是一个事关全局的大事，预算的绩效管理必须统筹谋划，并在此基础上突出重点，因为重点是推进整体工作的有力抓手。在整个预算绩效管理的链条中，要抓住三个重点环节：选好重点评价的对象，或部门、或单位、或项目，科学确定绩效目标；确定科学规范的预算绩效评价体系、评价指标，这是核心，是关键环节，《绩效研究》选择高校“项目支出”中的学科建设进行绩效评价研究，试想说明上述两点；重视评价结果的运用，“评”是为了“用”，评价结果不仅是对过去工作的认定，更是今后工作的导向，这就需要认真总结经验教训，善于拓展成功之果，不断提升预算绩效管理水平。

推进预算绩效管理是一项长期的系统工程。众所周知，预算是一个涉及范围很广的重大问题，它如同一个无形的网络紧紧连着经济与社会、政府与百姓，其综合性、政策性、公益性、法制性等都很强，管理任务也很重。就预算绩效管理而言，不同部门（如文化、教育、卫生、行政等）有不同任务、不同特点、不同要求，就会采用不用的评价方法；同样一个绩效项目在不同地区、不同单位，评价结果也会不尽相同。我们要进行科学评价就必须实事求是，既要寻求共性、规范管理，又要尊重差异、创新发展。随着经济的发展和社会的进步，绩效管理也会不断面临新的挑战，同时促使我们不断总结、运用新的阶段性成果。由此可见，实施科学规范的预算绩效管理是一项长期的系统工程，而绝非权宜之计。如果说要把人民的钱花出最佳效果是永恒的话题，那么对从事此项研究的学者来说就是永恒的课题，对从事绩效管理的工作者来说就是永恒的主题。

《绩效研究》问世了，我们导师组的各位教授诚表祝贺！虽然此作并非无懈可击，但它若能成为引玉之砖，请关注预算绩效的各位贤达共同为建立绩效预算制度而出力献策，我们会非常欣慰的。

李保仁

于中央财经大学

2021 年 7 月

摘　要

当代经济发展进入了依靠技术进步和人力资本质量提高的模式，教育尤其是高等教育的发展已成为全球关注的焦点。在我国，高等教育的战略地位日益凸显，深入实施科教兴国和人才强国战略是我国政府始终坚持的基本国策。在经济新常态下结构转型的核心是创新驱动发展，高质量的高等教育对经济发展起着至关重要的作用，高等教育通过提高经济增长质量，促进劳动生产率提高，为我国的经济结构优化升级和创新驱动发展提供高级专门人才和科技进步，促进劳动质量提高。《国家中长期教育改革和发展规划纲要（2010—2020 年）》对高等教育提出“全面提高高等教育质量”“提高人才培养质量”“提升科学研究水平”“增强社会服务能力”“优化结构办出特色”的要求，并提出“改进管理模式，引入竞争机制，实行绩效评估，进行动态管理”，地方各省（市、区）也提出“高教强省”的发展战略，充分利用地方高校的区域性特点，以财政投入引导地方高校学科建设，促使地方培养的高级专门人才和研发的科学技术更适应地方经济发展要求。提高高等教育质量、以高等教育促进经济发展是我国从中央至地方的发展要务，而要实现高等教育内涵式发展，就要搞好高校的学科建设。

财政对高等教育的资金支持主要体现在两个方面：一是财政高等教育基本支出，二是财政高等教育专项补助。高等教育基本支出主要用于维持学校正常工作运转、人员经费支出等方面，这部分经费有明确的支出和拨付标准，可以通过财政资金绩效审计的方式进行监管；高等教育专项补助是由高校提出申请，由相关管理部门审批下发的用于高校专门用途或者完成某项特定任务的财政资金补助，主要有人才引入计划、科研经费补助、重点实验室、学科基地建设等方面，这部分经费具有资金数额大、收效时间长等特点，资金的拨付随项目而定，项目审批成功，有财政资金补助，项目结束或者审批未成功，则不存在该项财政资金补助。对高等教育专项资金绩效评价有助于提升财政高等教育资金使用效益，而高等教育发展的龙头在于高校的学科建设，学科建设是高校提高学科水平的综合性建设，包含学科方向、人才培养、学术队伍的建设、学科平台建设、学术交流等一系列基础性工作，学科建设工作融合了教师教学、人才培养和科学研究等高校所履行的基本职能，学科建设工作几乎涉及高校高等教育的所有工作，而且学科建设的好坏决定了高校的竞争实力和发展潜力，因此，学科建设财政专项资金无论是数额所占比例还是其重要程度都成为高等教育财政专项资金中的重要组成部分。学科建设财政专项的绩效评价工作是财政专项资金绩效评价工作的一部分，因为教育的特殊属性，使学科建设专项资金绩效评价基本原则和理念与财政专项绩效评价基本相同，但其指标体系的构建和评价方法的选择又不同于其他的财政专项资金评价。笔者查阅了大量国内外参考文献，在总结借鉴国内外高等教育财政专项尤其是学科建设财政专项支出绩效评价实践的基础上，构建了一套适合我国地方高校学科建设财政专项支出绩效评价的指标体系和模型方法，一方面有利于相关主管部门对地方高校学科建设资金使用情况进行监督检查，并促进地方高校学科建设工作朝着有利于地方经济发展的方向发展；另一方面通过绩效指标的设定，促进高校完善学科建设管理体系和相关机构，并通过绩效评价帮助高校分析学科建设工作的绩效，找到学科建设工作有无效益的原因并提出改进的建议。

本书的主要研究脉络如下：

第一章导论部分对当前地方高校学科建设财政专项资金使用效益问题的研究背景进行初探。新常态下创新驱动发展要求提高高等教育质量、学科建设是高校发展的龙头、地方高校在区域经济发展中的重要作用，以上社会经济现状成为本书开展地方高校学科建设财政专项支出绩效评价的背景。阐述了地方高校学科建设财政专项支出绩效评价的实践和理论意义：首先，有利于提高学科建设财政专项在高校学科建设中的使用效益，促使财政资金投入更有利于高校学科发展的方面，起到财政投入对高等教育的引导作用；其次，通过绩效考核促进地方高校学科建设的提升，实现内涵式的发展，以使地方高校的学科建设向有利于地方经济社会发展的方向努力；最后，通过探索地方学科建设财政专项支出绩效评价体系的构建，有利于进一步完善高等教育财政专项支出绩效评价的理论体系。在探索前人理论研究的基础上，为本书研究我国地方高校学科建设财政专项支出绩效评价问题做了理论铺垫。对本书研究设计的相关概念——地方高校学科建设、地方高校学科建设财政专项支出、地方高校学科建设财政专项支出绩效、地方高校学科建设财政专项支出绩效评价以及评价内容进行了简单的界定和阐述。

第二章理论基础部分提出了地方高校学科建设财政专项支出绩效评价的理论依据，即新公共管理理论、委托代理理论、战略管理理论、公共财政理论和高等教育大众化理论。

第三章对我国地方高校学科建设财政专项支出情况和绩效评价现状进行分析总结。我国高等教育财政拨款模式经历了三个阶段："基数加发展""综合定额加专项补助""基本支出预算和项目支出预算"，一方面中央和地方政府不断提升财政对高等教育的补助规模，另一方面随着高等教育财政投入的不断增加，社会各界以及政府部门更加注重高等教育财政资金投入的导向和高校资金使用效益的评价。地方各省（市、区）于不同时期对地方高校学科建设专项资金使用分别作了规定和绩效管理。对于资金的绩效评价，我国地方各省（市、区）从财政专项资金绩效评价入手分别开展了财政支出绩效评价工作，在这个过程中，对高等教育财政专项资金使用效益的评价根据各个省份评价试点工作开展的进度和侧重的程度各有不同。在对我国地方各省（市、区）高校财政专项资金绩效评价工作总结归纳的过程中发现，对于高校财政专项支出的绩效评价指标体系，缺乏对高等教育异质性的考察，而且没有区分高校财政专项中的不同专项的性质，几乎没有对实现高校内涵发展的学科建设财政专项的专门评价指标体系；评价标准值的确定存在很大难度，而且高等教育专项支出的社会效益标准难以量化；评价周期短，无法体现教育收益周期长的特点；评价分数的确定多以专家评分为主，且专家评分所依据的指标体系还欠缺科学的论证与依据等问题。

第四章对于国外高等教育学科建设专项资金绩效评价从美国、英国和澳大利亚三个国家的高等教育财政绩效评价分析入手，总结各国政府在对高等教育拨款时引入绩效因素的背景和绩效评价模式，通过对澳大利亚、美国和英国高等教育财政支出绩效评价诞生的背景进行的分析对比，我们发现，西方国家对高等教育财政资金使用绩效评价的产生源于西方新公共管理运动和国家高等教育体制改革，以及提高高等教育质量的要求。重视高等教育支出绩效评价对高等教育发展方法的引导和对高等教育服务社会经济发展的要求。绩效评价指标的设置遵循从点到面、从易到难的循序渐进的规律逐渐完善，而澳大利亚于 1994 年和 1995 年对 36 所大学开展的绩效评价的失败中可以看出绩效评价准备工作完善和评价指标设计及评价标准合理的重要性。

第五章在以战略、结果、顾客、内涵式发展为导向和委托代理的理念的指导下，提出地方高校学科建设财政专项支出绩效评价一方面要实现财政专项支出绩效的提高，另一方面要以绩效评价引导高校学科建设更好地服务地方经济社会发展。本书为地方高校学科建设财政专项支出绩效评价构建了评价体系和指标体系，规定了评价的原则、标准、机制和方法，提出了以内外部环境分析—战略规划—绩效目标制定—项目立项—项目实施—项目产出—项目成果为主线的绩效评价模式，构建了以项目决策、项目投入、项目实施、项目绩效为一级指标的绩效评价指标体系。

第六章实证分析了吉林省地方重点学科建设财政专项资金的使用效益。以吉林省九所重点高校的重点学科建设财政专项支出为绩效评价对象，采用 DEA 数据分析方法对指标体系中的定量分析部分做了横截面分析和时间序列分析。在横截面分析结果中对比各个高校间的绩效努力程度，在时间序列分析中得出 2015 年到 2019 年五所高校的资金使用都是 DEA 有效的，而且绩效努力程度呈上升趋势。并提出完善地方高校学科建设专项支出绩效评价工作需要强化公共服务理念、提高工作绩效意识，建立健全规章制度，高校内部完善管理体制、成立绩效管理部门，建立并完善基础数据库等政策建议。

本书的创新点如下：

（1）构建了地方高校学科建设财政专项支出绩效评价体系。根据我国地方高校学科建设的学科建设功能，对地方高校学科建设产出成果的绩效体现——学科队伍、人才培养和科学研究三个方面进行绩效评估，在前人总结的基础上，提出了地方高校学科建设财政专项支出绩效评价应遵循以战略、结果、顾客为导向和委托代理的理念，还提出了应遵循的内涵式发展的理念，以上理念在绩效评价体系的构建中起到引导作用。

（2）构建了地方高校学科建设财政专项支出绩效评价模型。本书以提出的绩效评价理念为指导，以内外部环境分析—战略规划—绩效目标制定—项目立项—项目实施—项目产出—项目成果为主线，构建绩效评价模型，实现对专项资金的投入、过程、产出和影响的全面评估，并以评估结果和绩效目标的对比结果提出绩效改进建议。

（3）在绩效评价环节，受广东省对“2009—2011年广东省民办教育专项资金”绩效评价中引入SPSS软件分析绩效指标数据方法的启发，引用数据包络分析方法对吉林省地方重点高校人文社科类学科建设财政专项从2015—2019年的资金使用绩效进行时间序列和横截面分析，分析吉林省批准人文社科类重点学科建设并投入财政专项以来，地方高校相关学科建设财政专项支出绩效。

（4）从高校学科建设财政专项补助资金绩效评价入手，把高校财政专项资金剖析开来，分别进行评价。财政对高校专项资金补助包含基础设施建设、离退休人员补助、学科建设等方面，而高校发展的核心动力在于学科建设的水平，把高校各种专项资金用途混在一起进行绩效评价，分析财政资金投入使用效益，无法准确地剖析学科建设资金使用效益，把学科建设专项资金从高校财政专项资金中单列出来进行绩效评价，一方面有利于促进学科建设专项资金使用效益的提高，另一方面便于规范高校资金使用管理。

关键词：地方高校　学科建设　财政专项　绩效评价

Abstract

Modern economic development pattern has gone into a stage, in which the development relies on technological progress and the quality improvement of human resources. Higher education has become the focus of global attention. In our country, the strategic position of higher education has improved. For revitalizing our nation, deeply implementing scientific education policy is the basic task that Chinese government has to insist with. In New Normal Economy, the core of structural transformation is that innovationdrives development. High quality of the higher education plays an important role in the economic development. Higher educationcan improve the quality of economic growth and promote labor productivity by improving the quality of labor, which can generate a large supply of high – quality labor beneficial to optimize and upgrade our country's economic structure. National medium and long – term education reform and development plan outline (2010 – 2020) requires "comprehensive improvement of the quality of higher education", "improvement of the quality of personnel training", "enhancement of the level of scientific research", "enhancement the capacity of social services", optimization of structure with characteristics", and put forward "improvement of management pattern, introduction of competition mechanism, implementation of performance appraisal, and dynamic management" . Local provinces are also put forward the development strategy of "Strong Province of Higher Education" . Improving the quality of higher education, promoting the economic development is the first priority from the central to local government. Improving the quality of higher education needs joint efforts from various aspects. On the one hand, increasing financial investment to the higher education is necessary. Financial fund is the basic driving force of development. On the other hand, improving the effectiveness and efficiency of financial utilization is important as well, which can promote the reform of higher education and improve the quality of education through the performance appraisal of capital utilization.

Financial funding for higher education is mainly manifested in two aspects: one is the basic fiscal spending on higher education; the other one is special subsidies for higher education. Higher education expenditure is mainly used for school basic operation, personnel, etc. The expenditure has clear spending standards so that it can be evaluated though financial and audit review. Special allowance is applied by the colleges and universities of higher education and issued with specific purpose by relative official department. The allowance spending can involve talent introduction, research grants, key laboratory, subject base construction, etc. The expenditure is featured by large amounts and long time to witness effectiveness. The appropriation of the fund depends on projects. If the project passes through the examination and approval, there will be fiscal subsidy. I fit is not successful, there is no fiscal subsidy. Therefore, the performance appraisal of special funds application for help higher education is good for improving the efficiency of the funds. And development of the higher education lies in the subject construction of university, discipline construction is comprehensive construction for college and universities to improve academic level which consists of discipline orientation, talent cultivation, construction of academic team, construction of subject platform, academic exchange and a series of basic work. Discipline construction work is a blend of lectures' teaching, talent training, scientific research, etc. Subject construction involves almost all the work of the higher education in colleges and universities. And the stand or fall of discipline construction determines the competition strength and development potential, therefore, the amount of special fund for subject construction takes account for a large part of special funds for higher education. The performance appraisal of special fund for discipline construction is a part of the performance appraisal of financial special fund because of the specific properties of education, which makes the performance appraisal is different from other special financial funds. But it also follows the basic principles of financial performance evaluation and concept. The author searched a large number of references at home and abroad. On the basis of the experiences and lessons of successful performance appraisal at home and abroad, the author built a set of suitable index system and model for the performance appraisal of special fund construction for college discipline. On one hand, it is beneficial to the supervising and the monitoring of the usage of the construction funds and guiding discipline construction to develop in a positive direction. On the other hand, it promotes the set of key performance indicators and optimizes the management system of discipline construction. And through the analysis of the performance appraisal, the performance of the subject construction, finding the cause of the discipline construction have benefit and put forward suggestions for improvement.

In this thesis, the main research context is as follows:

Introduction part of the first chapter explores the research background involving the efficient usage of finance special fund on discipline construction in local colleges. Under the circumstances of the New Normal Economy, that innovation drives development requires the improvement of the quality of higher education, focused on discipline construction, and important role colleges and universities play in regional economic development. The status quo of society and economy above become the background of the thesis whose main idea is to introduce the performance appraisal of the discipline construction in local colleges, and it explains that the performance appraisal of special fund spending of discipline construction in local colleges and universities has practical and theoretical significance: first, it is beneficial to improve the efficiency of the usage of fiscal funds, promote investing fiscal funds to the aspects that is good for discipline construction in colleges and universities, and play a guiding role of financial investment in higher education. Secondly, performance appraisal promotes the improvement of discipline construction in local colleges. The achievement of the connotative development of colleges and universities makes the discipline construction of local university develop in a right direction to local economic and social development. Finally, exploring the performance appraisal system of fiscal special funds for the discipline constructionis conducive to further improve the performance appraisal system. On the basis of predecessors' theory for the discipline construction in local colleges, in this paper, we study the special financial expenditure performance appraisal.

In Chapter 2, the theoretical part partially puts forward the theoretical basis for the performance appraisal of special financial expenditure on the discipline construction in local colleges, like new public management theory, principal – agent theory, strategic management theory, public fiscal theory and the theory of the popularization of higher education.

Chapter 3 analyses and summarizes the performance appraisal of special financial expenditure on the discipline construction in local colleges. Our country's higher education financial allocation mode respectively has experienced three stages—"base and development", "comprehensive norm and special subsidy", and the current "the basic expenditure budget and project expenditure budget". On one hand, the central and local governments continuously improve the scale of financial subsidies for higher education, on the other hand, with the increasing number of financial input of higher education, the social occupations and the government departments pay more attention on the fiscal investment orientation of higher education and efficiency evaluation of the usage in colleges and universities. Local provinces and cities made regulation and performance management on the usage of special fund for discipline construction in different periods in local colleges. For the performance appraisal of fund, local provinces and cities in China carried out performance appraisal of fiscal expenditure from performance appraisal of fiscal special fund. In the process of performance appraisal the evaluation of the efficient usage of financial special fund on higher education depends on the progress of the pilot work in different provinces and the focus on the extent to specific part. We found out from the summery about the efficient usage of financial special fund on higher education that current performance appraisal work of fiscal special fund is lack of the research of the differentiation of higher education and evaluation system. Sure there is a big difficulty of evaluation standard, and social benefits of special higher education expenditure standard is difficult to quantify. Short evaluation period, hardly reflection of the long period of education benefits are features. The determination of evaluation score depends on experts' subjective judgment. But the expert evaluation index system is still lack of scientific argumentation and accordance.

The fourth chapter focuses on the performance appraisal of special fund on discipline construction in overseas college and universities. The thesis starts from three countries' performance appraisal of higher education — United States, Britain and Australia, summarizing the different performance appraisal model that different governments take in the higher education. Through the analysis and comparison of the performance appraisal of fiscal spending in Australia, in the USA, and in the UK higher education fiscal expenditure performance evaluation of the birth of the background analysis of comparison, in performance appraisal of expenditure of higher education are governments finance by the rise of new public management movement in fiscal expenditure performance evaluation and promotion put forward by the higher education system reform under the background of higher education quality requirements. Attaches great importance to the performance appraisal of expenditure of higher education lead to the method of the development of higher education and the requirement of social and economic development of higher education service. Performance evaluation index set follow from point to surface, from easy to difficult, step by step gradually perfect, and Australia in 1994 and 1994 to 36 universities to carry out the performance evaluation can be seen in the failure of the performance evaluation of preparatory work to improve and the importance of reasonable evaluation index design and evaluation standard. Fifth chapter in the strategy, the results and customers, connotative development as the guidance, and under the guidance of the concept of principal – agent, puts forward the principle, standard, mechanism and method of performance evaluation, performance evaluation index system is constructed. Presented within the external environment analysis, strategic planning, performance goal setting, project establishment, project implementation, project output – project achievements as the main line of the performance evaluation model, built in project decision – making, project management, project investment, project performance as indicators of performance evaluation index system. Chapter 6 empirical research on the humanities and social sciences discipline construction of the local key universities in Jilin province finance special fund use efficiency. In Jilin province nine college of humanities and social sciences key discipline construction for special financial expenditure performance evaluation object, uses the DEA data analysis method of the index system of quantitative analysis of parts made cross section analysis and time series analysis. In cross section analysis results comparing the level of performance efforts among colleges and universities, in the time series analysis of five universities from 2015 to 2019 are using the DEA effective, degree of efforts and performance on the rise. And to put forward to perfect the performance appraisal of expenditure of discipline construction in local colleges special work to enhance the consciousness of the public service concept, improve the work performance, establish and perfect rules and regulations, perfect internal management system of colleges and universities, establish performance management, establish and perfect the basic database such as policy recommendations.

In this thesis, the innovation points are as follows:

(1) The establishment of performance appraisal system of discipline construction expenditure in local colleges. According to the situation of discipline construction in local colleges in China, from the function of subject construction, determine the subject construction, talent training and scientific research three major factors influencing the university discipline construction fund performance evaluation, on the basis of the summarization of predecessors, puts forward the discipline construction in local colleges special financial expenditure performance evaluation should follow the strategy, the results, customer oriented, and the concept of principal – agent, should follow the connotative development is put forward the concept of, the above ideas play a guiding role in the construction of performance evaluation system.

(2) To build the discipline construction in local colleges special financial expenditure performance evaluation model. Based on the design of the performance evaluation concept as a guide, within the external environment analysis, strategic planning, performance goal setting, project establishment, project implementation, project output, projects for the main line, build a performance evaluation model, implementation of special funds input, process, output and influence of the comprehensive evalu-

ation, and to evaluate the results and the comparison of performance targets performance improvement Suggestions are put forward.

(3) In the performance evaluation of links, the Guangdong province of private education special funds, Guangdong province, "2009 - 2011" in the performance evaluation of the method of SPSS software analysis performance indicators data, reference data envelopment analysis (DEA) method to humanities and social sciences discipline construction of the local key universities inJilin province special fiscal funds from 2015 to 2019 using performance for time series analysis, analysis from 2015 to 2019 financial capital input and output performance between the subject construction in university.

(4) From the special financial subsidy funds performance evaluation of subject construction in university, the university finance special fund analysis, evaluation, respectively. Finance special fund subsidy includes infrastructure construction in colleges and universities, from retiree benefits, subject construction, scientific research, etc., as the core power of development in colleges and universities lies in the level of discipline construction, to mix various special funds used in colleges and universities to carry on the performance evaluation, analysis of the operational efficiency of financial capital, unable to accurately analyze the discipline construction fund use efficiency, especially in infrastructure construction and the varying nature of the subject construction, and easy to cause the consequences of embezzle-

ment, the discipline construction special funds from singled out in the college finance special fund performance evaluation, on the one hand, is beneficial to improve the efficient use of special funds of subject construction, on the other hand is easy to regulate use fund management in colleges and universities.

Keywords: Local colleges and universities Discipline construction Special financial Performance appraisal

目　　录

第一章 导论

第一节 选题的背景及意义

一 选题的背景

20 世纪 90 年代以来，社会发展进入了知识经济时代，经济增长主要依赖于技术进步和人力资本质量的提高，一度被视为促进经济发展的四大要素——自然资源、资本、技术和教育在经济发展中的地位发生了转变：自然资源和物质资本在经济发展中的地位逐渐下降，技术和教育越来越成为推动经济发展的重要因素。提高高等教育质量、以教育水平的提升为社会提供高级专门人才成为各国发展经济和社会的战略目标。全球经济发展状态自 2008 年国际金融危机爆发以来，就进入一个缓慢复苏的新常态，受国际国内大环境的影响，我国经济发展在“三期叠加”的约束下也进入了一个“新常态”。为应对长期积累下的结构性问题，化解产能过剩，重塑经济发展的驱动力，党和国家提出了一系列有针对性的规划和措施，党的十五大提出科教兴国战略，党的十七大以来，提出了优先发展教育，提高自主创新能力，国家把高等教育放在经济社会发展的首要位置。2014 年 5 月习近平总书记在河南考察时首次提及经济“新常态”，并在 APEC 工商领导人峰会上对“新常态”进行了系统阐述，指出在“新常态”下，经济增长的速度逐渐减慢，从高速增长向中高速增长转变，经济发展中产业结构不断优化升级，经济增长的动力从要素驱动、投资驱动向创新驱动转变。2017 年 10 月 18 日，习近平总书记在党的十九大报告中首次提出“我国经济已由高速增长阶段转向高质量发展阶段”，以习近平同志为核心的党中央立足于人民群众对美好生活的向往，坚持贯彻新的发展理念，深入推进供给侧结构性改革，推动经济持续健康发展。在经济新常态下结构转型的核心机制就是实施创新驱动，实施供给侧结构性改革，实现经济社会的可持续发展和结构的转型、升级，提高经济发展质量，这一切都离不开高素质的创新和创业人才以及高水平的科研实力。高质量的高等教育对经济发展起着至关重要的作用，高等教育通过提高劳动力素质提高经济增长的质量和促进劳动生产率的提高，为我国经济结构的优化升级和创新驱动发展提供高科技人才和科学技术。

事实上，按照教育经济学和人力资本增长理论，经济结构与教育结构有着相互依存的关系。经济结构决定着教育结构，教育结构又反作用于经济结构。经济结构的演变必然会使劳动力结构和技术结构等出现一系列变化。这些新的经济社会变革又必将促使为其提供智力、人才与科技支撑的高校在类型结构、布局结构、层次结构和学科专业结构上做出相应的调整，以适应经济社会发展战略调整和产业结构优化的新要求。由于高校学科专业设置受地域经济结构特别是产业结构调整的影响，专业结构的调整与优化在不同学科领域的要求也不一样，专业结构的合理性也表现出不同的要求。因此，衡量一所大学的办学水平和教育质量，不是看它有多少大楼，而是看其有多少学术大师，看它培养的人才和区域经济、社会的发展需要的契合程度，即教育供给结构和人才培养的社会适应性，以及对经济社会发展的科技贡献和服务能力。对地方高校来讲，就更是如此，而这一切都统筹在 所大学的学科建设中。地方高校不但具有高等教育培养人才、科学研究、服务社会三大基本职能，更因其办在地方、主要由地方投资并由地方管理而具有服务地方经济社会的特征。因此，地方高校学科建设更多的是为地方经济社会发展提供科学技术和培养高级专门人才。

我国高校可以分为三种类型：研究型、教学研究型或研究教学型、教学型。地方高校承载了我国高等教育大众化中培养人才的主要任务，主要为地方经济社会发展提供应用型人才，学科是高校的灵魂所在，高校学科建设是高校实现培养人才、科学研究和服务社会职能的关键所在，学科建设作为高校发展的龙头，是高等学校建设和发展的核心，涵盖了学科队伍、学科方向、学科水平、学科平台、人才培养和基础设施建设等方面，学科建设的水平体现高等学校的整体办学实力、学术地位和核心竞争力，提升学科建设水平可以促进学校的办学特色和优势学科的发展、促进教学改革、科研和产业的发展，以及教师队伍的建设，进而带动和促进高等学校教育质量、科研水平及整体实力的提高，发挥在服务地方经济中的引领作用——是实现高等教育内涵发展的基石。地方高校学科建设通过学术层面的提升提高了地方整体的高等教育实力，并为区域科研创新提供新的方向。

正因如此，国务院出台了《统筹推进世界一流大学和一流学科建设总体方案》（国发〔2015〕64 号），提出了建设一流师资队伍、培养拔尖创新人才、提升科学研究水平、传承创新优秀文化和着力推进成果转化为目标的一流学科建设规划，并将其纳入财政专项资金预算。在总体要求上，提出了“建立激励约束机制，鼓励公平竞争，强化目标管理，突出建设实效，构建完善中国特色的世界一流大学和一流学科评价体系，充分激发高校内生动力和发展活力，引导高等学校不断提升办学水平”的原则。在国务院学位委员会第三十二次会议上，时任国务院副总理刘延东也提出“十三五”时期高校要“优化学科结构，优先布局、建设一批国家发展急需、影响未来发展的学科专业”，“根据办学质量、办学特色等因素分配资金，调整引导学科建设方向”。2020 年 6 月中共中央国务院印发《深化新时代教育评价改革总体方案》提出“推进高校分类评价，引导不同类型高校科学定位，办出特色和水平……改进高校经费使用绩效评价，引导高校加大对教育教学、基础研究的支持力度。”因此，如何通过财政学科建设专项资金预算的管理和绩效评价来引导和推动高等学校学科建设的方向和路径，是这一切规划能否顺利实现预期目标的关键。

在这种大背景下，对高校学科建设专项支出绩效的考察，必然成为理论界和政府相关管理部门所关心的重要问题，本书试图建立一套客观可行的地方高校学科建设财政专项支出绩效评价体系，对地方高校学科建设财政专项资金安排及使用效益进行科学分析，从而促进地方高校更好地服务地方经济社会的进步。

二　选题的意义

（一）现实意义

发展特色学科、建设重点学科，以学科建设实现高校内涵发展，通过高等教育向地方培养输送精英人才和高级专门人才，优化地方经济发展的人力资源结构，通过高校凝练学科方向、构建科研平台，带动地方经济增长的动力朝向创新趋势驱动转变。近年来，我国通过实施“特色重点学科项目”等重点建设，地方政府批准成立了一批重点学科建设项目，财政对地方重点学科也加大了财政支持，重点学科的建设不但提升了我国高等教育整体水平，而且带动地方经济可持续发展。同时，重点学科建设中存在着传统学科固化、学科建设交叉、竞争意识缺乏等问题，需要提高学科建设绩效。因此，如何通过学科建设财政专项资金的预算管理和绩效评价体系的科学构建，引导中央高校和地方高校的学科建设，从而为新常态下经济社会的可持续发展、全面实现建成小康社会提供扎实的基础就具有重要的现实意义。

1. 促进财政专项资金支出绩效的提高

政府职能转变不仅要求政府退出市场，也同时要求政府内部高效运行。政府部门的工作因其非营利性和非排他性导致工作目标多元化，工作成果难以量化，因此政府部门的工作成果一直难以考评。有效发展财政支出绩效评价使政府部门的工作产生的经济效益、社会效益和可持续性得以量化考评，对专项资金绩效考评有利于项目立项的战略性和规划性，减少项目盲目审批，提高资源有效配置。构建一套完善的绩效评价体系从项目立项、资金投入使用、过程监督、结果追踪问效对财政资金使用进行全程监控，有利于财政资金的有效使用，提高资金使用效益，实现政府工作以最低的投入获得最大的产出，收到最佳的效果。

十二届全国人大常委会十次会议表决通过了《全国人民代表大会常务委员会关于修改〈中华人民共和国预算法〉的决定》，新预算法中第五十七条规定“各级政府、各部门、各单位应当对预算支出情况开展绩效评价”，首次在国家法律层面提出公共财政预算收支应遵循绩效原则。现代预算不仅仅是政府部门的收支计划，更是政府实施战略目标、保障政府战略计划顺利实施的重要工具，现代预算在政府克服市场缺陷、促进资源有效配置、为公众提供市场无法满足的公共服务等方面发挥着重要作用，采用财政预算支出绩效评价的方法提高财政资金使用效益已成为政府提高服务效率和转变政府职能的重要手段。高等教育学科建设专项资金作为财政专项资金的重要组成部分，因其具有教育目标公益性，收益长期性、间接性、抽象性，投入产出之间非直接关联性、时滞性、异质性等特点，其绩效考核方式必然不能同其他财政专项的方式相同，建立一套行之有效的绩效评价体系，将提高高校财政资源的使用效益，促使财政专项资金使用绩效的提高。

2. 完善高等教育财政专项支出绩效评价体系

高等教育与政府其他部门为社会提供的“产品”和服

务不同，具有投入周期长、产出时滞性和异质性等特点，而现行的财政专项支出绩效评价体系中并没有针对高等教育专项支出绩效评价进行指标体系或者评价程序等方面的专门设计，存在评价指标体系与高校发展规律不协调的问题。高校学科建设专项资金是高等教育专项资金的重要组成部分，在高校财政专项中占有很大比重。财政部印发《中共中央　国务院关于全面实施预算绩效管理的意见》（财预〔2018〕167 号）的文件要求："健全共性的绩效指标框架和分行业领域的绩效指标体系……各行业主管部门要加快构建分行业、分领域、分层次的核心绩效指标和标准体系。"建议教育部门尽快制定高校全面实施预算绩效管理的指标体系，以便各高校在全面实施预算绩效管理有较强的操作性。本书研究设计地方高校学科建设财政专项支出绩效评价体系，并针对学科建设产出的特点设计了一套适合高校学科建设发展的绩效评价指标体系，有益于高等教育专项支出绩效评价体系的完善。

3. 促进高等教育实现内涵发展

近几年，随着高等教育迅速发展，有些高校开始出现了以"高楼""大院"为特点的发展模式，高校更多地注重院舍的建设、地域的扩大，忽视了一流人才的培养和一流学科的建设。梅贻琦说"所谓大学者，非谓有大楼之谓也，有大师之谓也"，高校的发展不在于其楼阁占地，在于其内涵建设，一所大学发展的核心动力在于这所高校的学科建设能力，所以，学科建设水平决定了该校的发展方向和水平。因此，对高校专项资金绩效评价有助于提升财政高等教育资金使用效益。而高等教育发展的龙头在于高校的学科建设，学科建设是通过凝练学科方向、构建学科队伍、进行人才培养和科学研究来提高高校学科水平的综合性建设，学科建设工作融合了教师教学、人才培养和科学研究等高校所履行的基本职能，学科建设工作几乎涉及了高校高等教育的所有工作，而且学科建设的好坏决定了高校的竞争实力和发展潜力，因此，学科建设专项资金无论是数额所占比例还是其重要程度都成为高等教育专项资金中的重要组成部分。

随着高等教育资源投入的增加，从国家到地方政府、再到社会各界对产出的效果也提出较高的要求，以往的高等教育只是单一地关注培养人才的数量，让更多的人接受高等教育，随着财政投入规模的增加、社会经济发展的需要，高等教育培养人才更多地注重质的提高，尤其注重地方高校培养的人才和科研成果是否符合地方发展要求。《国家中长期教育改革和发展规划纲要（2010—2020 年）》第七章中对高等教育提出“全面提高高等教育质量”“提高人才培养质量”“提升科学研究水平”“增强社会服务能力”“优化结构办出特色”的要求，以“重点学科建设为基础”，实施“优势学科创新平台建设”和“启动特色重点学科项目”，并提出“改进管理模式，引入竞争机制，实行绩效评估，进行动态管理”。教育部印发的《国家教育事业发展第十二个五年规划》（教发〔2012〕9 号）明确提出，建立国家教育标准体系和教育绩效评价制度，把服务经济社会发展和人的全面发展作为高等教育目标导向，制定教育绩效评价指标体系，将高校的绩效与政府对学校的奖励性、竞争性教育拨款挂钩。

随着我国高等教育规模逐步扩大，高等教育已经进入大众化发展阶段，未来高校发展的方向和动力是通过学科建设提升教育教学水平、办学效益和科学研究水平。高校的教育资源更多地分配到学科建设中，因此，设计完善的学科建设财政专项支出绩效评价体系，有利于提高高校学科建设财政专项资金的使用效益，提高学科建设的经济效益和社会效益，是高校实现内涵发展的主要方面和重要前提。

4. 促进地方高校更好地服务于地方经济社会的发展

地方高校学科建设在高等教育中起着重要的作用，是通过高等教育大众化，培养更专业化的高级应用型人才，为地方经济社会发展服务，优化地方人力资本结构，推进区域经济产业结构调整和升级。地方高校学科建设通过学科的学术性提升为区域经济发展提供科技创新方向，也可以通过基地、科研平台共享与区域经济分享科技成果。学科建设通过学科方向的凝练和学科水平的提升，一方面提高学校办学质量，使高校的产出——高级专门人才和科学技术更好地服务于地方经济；另一方面通过科学研究把创新元素融入地方经发展中，促进经济转变发展方式。高校学科建设的科研水平和科研成果的应用程度关系地方经济发展方式转变情况，而且影响着产业结构的调整和升级。高校通过专业结构调整和教学队伍建设为创新型经济发展提供高层次人才和必要的专业知识。

（二）理论意义

从现实的实践和理论研究来看，我们国家和地方相关职能部门，开发并运行了较为有效的总体上评价高等教育财政支出绩效的方法和指标体系，但专门的针对学科建设专项资金预算的绩效评价和管理体系还未建立起来，理论界的相关研究也还很鲜见。特别是已有的研究，忽略了高等教育本身的异质性，在设计绩效评价指标体系时，对教育资金使用的评价更多地注重资金投入和过程管理，而忽视了对教育的结果和影响的评价。高等教育提供的公共服务具有公共性和多元化，其绩效具有长期性和滞后性等特点，适用所有公共教育支出绩效评价的指标体系设计是有一定困难的，且可操作性不强，也无法实现公共教育支出绩效评价的原本目的，而且对不同的教育项目其周期是不同的，很难对所有项目的产出和远期绩效进行统一对比。而从理论研究来看，无论是牵涉制度、方法、体系、评价指标的设计还是评价标准，还仍然停留在相对宽泛、指标笼统的层面，缺乏对不同的具有异质性的项目进行个性化的、科学的评价体系的研究与构建。高校学科建设项目的投入为人力、物力、财力资源投入，具体涉及高层次人才引入和培养、学科平台建设、重点实验室建设、课程设置、专业设置等，投入之间就具有异质性，其产出体现在学科队伍建设、人才培养和科学研究成果，投入和产出之间关联性不高，而且存在收效期长的问题，最简单地就从人才培养来看，需要进行专业设置、课程设置、师资队伍构建等，从学生入学到毕业走向工作岗位实现价值至少要四五年的时间，因此，对学科建设产出绩效的评估不同于其他财政专项项目，在设计学科建设财政专项支出绩效评价指标体系时既要遵循财政支出绩效评价的一般原则和理念，又要考虑学科建设具有长期性、持久性和公共性等特征。

因此，研究并构建完善的学科建设财政专项资金预算的评价与管理体系，就具有非常重要的理论和现实价值。

高等教育与政府其他部门为社会提供的“产品”和服务不同，具有投入周期长、产出时滞性和异质性等特点，而现行的财政专项支出绩效评价体系中并没有针对高等教育专项支出绩效评价进行指标体系或者评价程序等方面的专门设计，存在评价指标体系与高校发展规律不协调的问题。高校学科建设专项资金是高等教育专项资金的重要组成部分，在高校财政专项中占有很大比重。本书研究设计地方高校学科建设财政专项支出绩效评价体系，并针对学科建设产出的特点设计了一套适合地方高校学科建设发展的绩效评价指标体系，有益于完善高等教育专项支出绩效评价体系。

三　基本概念的界定与阐释

（一）地方高校学科建设内涵

我国学者从学科建设的内容、基本功能、性质和制度层面等方面对高校学科建设内涵做了不同的阐述，本书借鉴前人的总结，结合地方高校的特征，对地方高校学科建设内涵进行界定。

刘献君[①]对学科建设基本内容进行了阐述，认为高校学科建设主要包括学科方向的凝练、学科队伍的建设、学科建设的环境和物质保障。学科方向是高校学科建设的基础，教育部学位管理与研究生教育司于 1997 年颁布的《授予博士、硕士学位和培养研究生的学科、专业目录》中把学科门类分为 12 个（哲学、经济学、法学、教育学、文学、历

① 刘献君：《论高校学科建设》，《高等教育研究》2000 年第 9 期。

史学、理学、工学、农学、医学、军事学、管理学)，其中一级学科89个，二级学科386个，学科的方向有很多，高校学科建设不可能涵盖所有的学科方向，地方高校的首要任务是根据高校自身的特色和地方社会经济发展的需要，选择、调整学科方向，凝练具有本校特色的、具有前沿性的学科方向，作为学科建设的基础，保障学科建设朝着既定的正确方向持续发展。一所高校的学科建设关键在于学科队伍的建设，其中学科带头人尤为重要，学科队伍建设需要引进和培养学科带头人、需要构建合理的与学科带头人相匹配的学科梯队。学科发展条件建设是学科建设的依托，包括学术环境、国际交流环境等软条件建设和学科平台、实验室等硬件条件建设，高水平的实验室和学科平台、丰富便捷的信息资源是高校进行人才培养和科学研究的基本保证，也是引进人才的重要条件之一，理工类学科建设物质支撑条件在于重点实验室、学科科学研究平台的建设，人文、社科类学科建设中硬件设施建设在于数字化的图书资料、计算机网络化等方面的建设。

吴文清等[①]从地方高校学科地域性特征的角度，分三个层面对地方高校学科建设的功能进行阐述：首先是在学术层面，地方高校学科建设能够带动区域高等教育水平的提高、为区域科研创新形成新方向；其次是服务层面，为区域经济转型提供科学研究和技术创新的支撑，促进人力资本结构的优化；学科组织层面，地方高校为区域经济转型和知识创新提供大量的高级专家，学科建设实现学科组织

---

① 吴文清等：《地方高校学科建设与区域经济转型适配性研究》，《清华大学教育研究》2013年第1期。

与区域经济转型之间的协调统一。

从高校学科建设的性质来看，高校学科建设涉及学校的各项工作，如教学、科研、人事等，它不是学术业务方面的简单集合，而是通过确立与地方经济社会发展相适应的一个整体的目标，具体落实到学校相关部门的工作中，结合相关部门的工作形成一种“合力”，形成综合性的学科建设。学科建设与教学、科研等高校工作既有关联又有区别：学科建设比教学的要求和目标更多一些，在教师人才引进方面，教学对教师能力的要求主要在于教学能力，而学科建设对教师队伍的要求除了教学能力还要具有出色的科研能力；在人才培养方面，学科建设相对教学的任务来说更倾向于研究生的培养；学科建设与科研相互促进，共同进步，学科建设过程中所引进的高层次人才、构建的师资队伍、建立的学科平台等为科学研究提供了相关的力量和资源，学科建设过程中凝练的学科方向为科学研究指导了方向，同时，科学研究的重大突破和创新成果的取得，推动学科建设从一个阶段到另一个阶段的发展。

教育部对高校学科建设是从资源分配和管理的角度进行阐述的：教育部 1985 年发布的《中共中央关于教育体制改革的决定》中规定“为了调动各级政府办学的积极性，实行中央、省（自治区、直辖市）、中心城市三级办学的体制。中央部门和地方办的高等学校，要优先满足主办部门和地方培养人才的需要”，“高等教育的结构，要根据经济建设、社会发展和科技进步的需要进行调整和改革”，“为了增强科学研究的能力，培养高质量的专门人才，要改进和完善研究生培养制度，并且根据同行评议、择优扶植的原则，有计划地建设一批重点学科”，“为了提高教师的教学和学术水平……进修、从事科学研究和进行学术交流。要尽可能改善教学的物质条件，增添现代化的教学手段，更新和充实试验室、图书馆”。地方高校学科建设主要包括人才培养、科学研究、师资队伍建设和学术环境建设；教育部 2004 年颁发的《2003—2007 教育振兴计划》规定“集成优质资源，创建一批高水平、开放式、国际化的科技创新平台和人文社会科学研究基地，造就学术大师和创新团队”，“进一步以学科建设为核心，凝练学科方向，汇聚学科队伍，构筑学科基地”，可见，我国教育主管部门主要是侧重从资源分配和管理的角度阐释学科建设，把学科建设内容分为包括研究生培养、学科方向凝练、学科队伍建设、学科基地建设等方面。

综合上述观点，对学科建设内涵的理解基本有两种，一种是从学科建设结构性要素角度考虑，认为学科建设主要是凝练学科方向、汇聚学科队伍、搭建学科平台；另一种是从学科建设功能性要素角度考虑，认为学科建设作为高校办学的基本单元，具有人才培养、科学研究和服务社会的职能。

地方高校是相对于教育部和中央部委所属的高校而言的由各个地方省市根据本地区的经济、社会、文化、教育等情况而建立的主要面向本地招生、本地就业的具有区域性特征的大学。地方高校的主要办学经费源于地方政府，其学科建设方向和办学规模根据当地社会经济发展的水平而决定的，具有较强的区域性服务功能，地方高校主要为区域经济发展提供高水平专业人才和科学技术，因此，地方高校学科建设方向受地方政府的发展规划和战略目标的影响，地方高校学科建设水平决定了高校为区域经济社会发展提供高层次人才的质量和科研水平的高低，是地方高校的核心竞争力，地方高校学科建设需要覆盖地方的支柱产业和亟须发展的高科技产业，并需有一定的超前意识，才能获得良好的社会声誉和学术声誉，得到地方政府、社会的欢迎和支持，最终产生较好的经济与社会效益。

综上所述，本书对地方高校学科建设研究的基本内涵界定为4个方面：为了高校在地方经济社会发展中更好地实现人才培养、科学研究和服务社会的职能，根据地方社会经济发展战略计划结合本校学科特色凝练本校的学科建设方向，构建学科建设的软件环境和硬件设施，依据既定的学科建设方向引进并培养高层次人才、构建学科队伍，通过教学和科研为地方文化、社会和经济发展提供高级专门人才和科学技术。其基本建设内容与为地方经济发展提供的服务如图1-1所示。

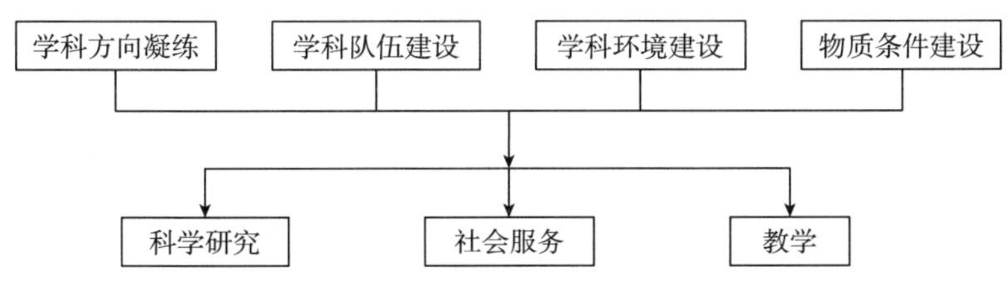

图1-1　地方高校学科建设内容与功能

（二）地方高校学科建设财政专项支出

地方政府对高校财政资金支持主要体现在两个方面：一是高等教育财政基本支出，二是高等教育财政专项补助。

高校基本支出主要用于维持学校正常工作运转、人员经费支出等方面，这部分经费拨款基本上采取综合定额的方式，具有刚性且有明确的规章制度和拨款公式可考核，对这部分资金使用情况的监管可以进行合规性检查和财务绩效审计；高校专项补助是由高校提出申请，由相关管理部门审批下发的用于高校专门用途或者完成某项特定任务的财政资金补助，主要用于人才引入计划、科研经费补助、重点实验室、学科基地建设等方面，这部分经费具有资金数额大、收效时间长等特点，资金的拨付随项目而定，项目审批成功，则有财政资金补助，如果项目结束或者审批未成功，则没有该项财政资金补助。1986 年，原国家教委、财政部联合颁布的《高等学校财务管理改革实施办法》（〔86〕教计字 162 号），确定了“高校年度教育事业费预算，由主管部门按照不同科类、不同层次学生的需要和学校所在地区的不同情况，结合国家财力的可能，按综合定额加专项补助的办法进行核定”，专项补助由主管部门根据国家的政策导向和各高校的实际情况核定下达。2008 年财政部、教育部颁发的《财政部、教育部关于完善中央高校预算拨款制度的通知》（财教〔2008〕232 号）中把促进事业发展拨款中的教学、科研经费划分为基本运行经费、专项经费和绩效拨款。各个省市财政拨付给各个高校的财政专项资金是以地方经济社会发展战略规划为依据，结合当地政府财政能力和高等教育事业发展的需要进行拨款。

地方高校学科建设财政专项支出是地方政府为了实现高等教育强省、充分发挥地方高校学科建设对地方经济社会发展的带动和促进作用，依据地方政府对高校的扶持计划而拨付给地方高校的用于学科建设类的专项资金，主要包括学科专业建设、教学基地建设、科研平台建设、学科队伍建设等项目的专项资金。

地方高校学科建设财政专项支出属于地方财政专项支出的一部分，因此具有财政专项资金共同的特性：专款专用性、长期性、重要性、非常规性。专款专用性，高校学科建设财政专项资金是各高校根据本校发展战略和近期目标而申报的学科建设专项资金，由政府相关部门审批下拨进行调控的，进行单独核算，专款专用；长期性，从高校学科财政专项项目实施的过程来看，很多项目是跨年度滚动的项目，因此，高校学科建设财政专项资金的使用具有特定的期限限制，逾期未完成项目或者资金未完全使用则给予收回；重要性，财政专项资金是国家为完成某项特定事务所拨付的资金，申请专项资金的项目是为了实现远期发展战略而服务的，高校学科建设财政专项资金也是用于特定用途的资金，为实现高校学科建设发展战略而服务的；非常规性，因为专项资金产生于某一专门项目，不包含在日常经费之中，项目有经常性的和一次性的区分，有些项目并不是日常的常规性项目，结束之后并不会再次发生，因此专项项目资金具有非常规性。

（三）地方高校学科建设财政专项支出绩效的内涵

在了解地方高校学科建设财政专项支出绩效之前，首先要明确绩效的含义。“绩效”（Performance）一词来源于管理学，在科学管理时代引入公共管理中。绩效是工作的效果和效率，是能够被评价的工作行为及其产生的结果，通过依据组织期望、组织目标所产生的行为在不同层面展现出来。在《现代汉语词典》中没有对绩效相应的解释，它是“绩”和“效”的组合，“绩”是指资源投入所要实现的目标，在财政学领域中是指应当量化或指标化的某一具体的财政拨款目标，政府部门是为了完成某一具体目标而请求拨款，为了方便预算的编制和最终结果的考核，这些目标的制定要求具体化或者指标化，作为预算编制的基础和预算考核的标准。“效”是对政府完成的工作任务的最终结果进行考核或者是把政府的业绩和预算相联系的方式。对“效”的考核指标包括定量指标和定性指标两部分。构成绩效的要素包括资源的投入、产出、成果以及过程，投入、产出和成果构成一个完整的链条，三者之间的关联度越强，其绩效程度越高，投入和产出比构成效率，成果和投入比构成效益，因此，绩效包括经济、效率、效益三个主要内容。用绩效来衡量地方高校学科建设财政专项支出行为，不仅衡量了学科建设使用财政资源的效率情况，还反映了高校学科建设发展前景、与地方经济社会适应性等问题。

“绩效”是个相对的概念，而且是可以计量的。从价值形态分析看，绩效是资源投入和使用资源后所实现的产出之间的对比，在资源投入既定的前提下追求产出的最大化或者是在产出既定的前提下尽量节约投入资源。引入绩效的概念，就是要促进资源的有效整合和有效利用。地方高校学科建设财政专项支出绩效是地方高校学科建设专项补助拨款额既定的前提下，通过学科队伍建设、学科平台建设、科学研究等为社会所提供的教育、科研和社会服务等有效公共服务的情况。由于教育的特殊性，衡量地方高校学科建设财政专项支出时不仅要衡量其资金使用的效率性，还要考虑通过学科建设活动对高校和地方经济社会发展的促进作用，进而产生的社会效益、经济效益。高等教育学科建设财政专项支出的绩效从效益体现上，分为经济绩效、社会绩效和政治绩效：经济绩效体现在经济的稳定和持续增长、合理的经济结构和有质提高的生产效率上，在地方高校学科建设财政专项支出绩效中体现在学科建设中财政资金投入与学科建设产出之间的对比关系，其中，财政资金投入包含对学科建设的人力资源、物力资源和财力资源的投入，学科建设产出体现为高校的三大职能：教学、科研和社会服务方面的成果，具体为高校学生接受高等教育的数量、接受教育后的质量和高校科研成果在经济社会中的应用情况等；社会绩效和政治绩效是地方高校学科建设财政专项支出不同于企业活动之处，社会绩效体现为以经济发展为基础的接受高等教育者提高收入水平、改善生活条件和文化环境，就业率和就业质量稳步上升，社会生产力提高且所提供的产品质量与水平提高，“仓廪实而知礼节”，社会治安也随之提高；良好的制度安排是经济发展和社会稳定的保障，因此，政治绩效是公共部门工作绩效的重要基础。地方高校学科建设财政专项支出绩效一方面要考察财政资源的投入—产出效率，另一方面要注意学科建设产出要符合社会和经济的发展需要，体现地方高校学科建设产出的社会绩效和经济绩效，如果地方高校学科建设方向与社会发展所需要的方向不同，或者贡献度不大，即使高校学科建设财政专项支出的投入—产出比率很高，也不能说取得了良好的绩效。所以，地方高校学科建设财政专项支出的绩效既体现在投入与产出之比，更体现在学科建设成果与地方经济社会发展相符程度上。

（四）地方高校学科建设专项支出绩效评价的内涵

绩效评价（performance appraisal）是按照一系列预先规定的绩效标准，尤其是关于效率和有效性方面的标准，运用科学、规范的绩效评价方法，对个体完成其预定的一系列任务进行评价。在政府财政支出绩效管理中，绩效评价作为其组成部分，是实现绩效管理的核心内容，公共服务部门的表现和信息通过绩效评价传递给公众，从而形成“鱼缸效应”，体现了放松规制和市场化的改革取向，是改善政府与公众关系的一种机制。

上文已对地方高校学科建设财政专项支出的绩效进行了分析，在地方高校学科建设财政专项支出中引入绩效评价的概念和办法，是在明确地方高校学科建设财政支出绩效目标的基础上，依据一定的标准、评价方法和指标体系，通过对高等教育产出的数量、质量以及资金投入—产出比率等来进行考核的一种面向结果的管理模式，通过对高等教育的成果进行定量和定性的对比分析，对一定时期的学科建设成果的经济效益和社会效益做出客观、公正和准确的综合评价。地方高校学科建设财政专项支出绩效评价是通过对学科建设活动的人才培养、科学研究、平台建设等方面的人力、物力、财力投入和产出进行的定性和定量的综合评价。对地方高校学科建设财政专项支出进行绩效评价可以使主管部门和资金使用单位了解学科建设专项资金申请、审批和运用等环节的管理和组织运营情况，并通过评价结果了解学科建设的方向和资源配置情况，从而有利于高校学科建设清楚自身的优势和劣势及发展方向，并在之后的学科建设过程中，有针对性地调整学科方向、构筑学科平台、合理配置资源。

地方高校学科建设包含学科队伍建设、学科和科研平台建设、人才培养、学术交流和管理等方面，是一项复杂的、长期的系统工程，具有非关联性、异质性和时滞性等特点，因此对地方高校学科建设财政支出绩效评价与其他公共部门支出的绩效评价不完全相同，既要遵循绩效评价的基本原则，又要考虑到学科建设产出的特点，科学的绩效评价可以引导地方高校学科建设专项资金使用的有效性，有助于学科建设明确发展方向，提高学科核心竞争力。它是提高学科建设专项支出效率、合理配置学科建设资源、提高高校管理效率及与市场需求相适应的能力、保障地方高校教育目标实现的有效途径。

（五）地方高校学科建设财政专项支出绩效评价的基本内容

作为公共财政专项资金绩效评价的一部分，地方高校学科建设财政专项支出绩效评价也要遵循一般绩效评价的原理，强调目标管理原则，考察专项资金投入、使用和产出效果。地方高校学科建设财政专项支出绩效评价包含以下内容：

第一，学科建设绩效目标的制定和实现情况。学科建设绩效目标的制定情况要考察高校学科建设绩效目标的制定是否符合高校发展战略，学科建设绩效目标所体现的学科建设方向是否符合地方经济发展需求。学科建设目标的实现情况，考察在学科专项资金投入后，学科建设活动的产出评估对象是否达到了既定的目标，完成程度如何。

第二，为了实现既定目标，对财政专项资金的配置情况。学科建设财政专项资金到位情况和专款专用情况。学科建设活动是否最大限度和适度地利用了教学资源，例如实验室和教育基地等资源的利用。

第三，为了实现既定目标，学科建设活动安排情况。学科建设活动是否为实现学科建设绩效目标而服务，是否符合事物发展的客观规律和学生的学习心理，是否合理利用教育资源并实现其效益性。具体体现在学科团队建设情况、课程设置、教材质量、学科教学和科研平台建设情况等。

第二节　文献综述

一　地方高校学科建设功能和发展途径研究

地方高校和地方经济发展是相互促进、相互制约的关系，地方高校为地方经济发展提供智力支持，地方经济发展为地方高校的进步提供物质保障和方向。学科建设是高校发展的龙头，学科建设涉及高校教学、科研方方面面，国内外学者对高校与地方经济关系、高校学科建设在高校发展中的重要作用、高校学科建设内涵与发展路径等进行了探讨。

1. 地方高校为地方经济发展服务，高校学科建设是高校发展的核心内容

西方国家早在20世纪50年代就意识到教育对经济增长的重要作用，随着学者们不断研究发现，在各层级的教

育中，高等教育对经济增长的贡献最大。

索洛（Solow）[①] 最早使用生产方程分析美国1909—1949年经济增长中投入和产出的关系时，把传统的资本和劳动力生产要素以外的贡献参数解释为技术进步参数，把技术进步作为经济增长的外生因素，间接地指出了教育对经济增长的贡献作用。20世纪60年代，西奥多·舒尔茨（Theodore W. Schultz）[②] 在人力资本理论中指出人力资本投资是经济增长的重要源泉，人力资本投资中最重要的投资是教育投资，提高人口质量是人力资本理论的核心。爱德华·丹尼森（Dennison）[③] 把知识进展作为经济增长的要素之一，丹尼森认为劳动因素很容易量化，把除了劳动因素之外的剩余因素中的知识进展指定为“生产力”。在丹尼森的论述中，劳动是定性分析方法下唯一公认的投入要素，但是预测潜在的宏观经济增长时需要对其他剩余的定性因素的贡献进行分析，因此，他开发了影响生产力变化因素的定量估计，运用余数分析法对美国经济增长因素进行实证分析，得出美国1929—1957年的2.93%的经济增长率中，生产要素单位投入量的贡献率为32%，而教育年限作为其中之一因素所起的作用逐年增加，由1909—1929年12%的贡献率上升到1929—1957年的23%，丹尼森用数据表明高等教育的投资对经济增长起着重要作用。罗默（Ro-

① Solow, Robert M., “A Contribution to the Theory of Economics Growth”, *Quarterly Journal of Economics*, 1956, 109 (2) pp. 1 - 20.

② 西奥多·W. 舒尔茨：《论人力资本投资》，北京经济学院出版社1990年版，第98—100页。

③ Dension, E. F., *The Sources of Economic Growth in the United States and the Alternatives before Us*, New York: Committee for Economic Development, 1962, p. 244.

mer)[①] 的《收益递增与长期增长》和卢卡斯（Lucas）[②] 的《论经济发展机制》的发表标志着经济学新的理论分支——新增长论的诞生。他们提出经济增长是内生模型决定的，而不是外部力量作用的产物，打破了技术外生和规模收益不变的假设，建立了内生经济增长模型，把人力资本纳入经济增长要素中，运用经济数学模型分析人力资本对经济增长的贡献，人力资本具有外部效应，规模报酬递增，人力资本存量的增加促进经济的增长。而人力资本用受教育年限来衡量，因此，高等教育投资越大，人力资本水平越高，对经济增长的促进作用越大。

我国对高等教育和经济发展的关系研究从一开始就集中在高校与地方经济的相关关系。20 世纪 80 年代，厉以宁[③]提出教育是提高一国经济发展重要动力——技术力量的重要途径，教育在技术进步中起到了提供科学研究、方法培训、科学管理、知识的保存和传播作用。增加对教育的投资，可以实现经济长期、稳定的增长。潘懋元[④]于 1980 年在高等院校领导干部教育科学研究班培训中正式提出了教育的内外部关系规律理论。在该理论中，阐述了教育作为社会的子系统，受经济、社会、政治的制约并为之服务，对整个社会经济的发展起作用。在市场经济环境下“高等教育一定要面向市场经济进行改革，适应市场经济并为市

① Paul M. Romer，“Increasing Returns and Long Run Growth”，*Journal of Political Economy*，October 1986.

② Lucas R.，“On the Mechanics of Economic Development”，*Journal of Monetary*，1988（7）.

③ 厉以宁：《论教育在经济增长中的作用》，《北京大学学报》1980 年第 6 期。

④ 潘懋元：《潘懋元论高等教育》，福建教育出版社 1980 年版，第 143、113、146—149 页。

场经济的发展服务，从而才能求得自身的发展”，并提出高等教育发展的地方化趋势，高等教育服务于区域经济并应更多受地方政府资助。胡建华[①]提出大学具有教学、科研和服务社会的三大职能，大学的教学职能主要是培养掌握专门技术人才和综合技能人才，科研职能体现在科学研究并将知识创新转化为产品，服务社会职能体现在大学成为社会民众继续学习之场所、科学研究成果的社会应用和创新知识。邱敦元、黎野、文浩[②]从高校三大职能出发，分析了高校和经济发展相互促进、相互制约的关系。武毅英[③]通过对高等教育外部关系规律的阐述，指出经济发展对高等教育体制、结构、规模起决定作用，同时，高等教育通过科技进步和人力资本增长促进经济增长，通过解决就业和均衡收入分配实现经济均衡发展。叶茂林[④]建立了教育系统动力学模型用来测算教育对经济增长的作用，得出劳动者素质越高即受教育程度越高，对经济增长的拉动作用越大，教育对经济的可持续增长起着重要的作用。朱镜德[⑤]认为，经济结构转型期间，高等教育提供高级劳动力，可以有效缓解外来务工人员对底层劳动力市场造成的失业和不充分就业现象，支持经济的可持续发展。王守法、王云霞[⑥]和甘

① 胡建华：《知识经济时代的大学三职能》，《南京理工大学学报》（社会科学版）2001 年第 2 期。

② 邱敦元等：《高等教育与经济相互作用的规律探析》，《重庆大学学报》（社会科学版）2001 年第 7 期。

③ 武毅英：《高等教育与经济发展的相互关系及其形式》，《煤炭高等教育》2002 年第 2 期。

④ 叶茂林：《教育与经济增长的关系研究》，《数量经济技术经济研究》2002 年第 9 期。

⑤ 朱镜德：《高等教育强劲扩张对城市化进程及经济增长的影响》，《中国人口科学》2003 年第 1 期。

⑥ 王守法、王云霞：《高等教育与区域经济发展关系的理论探讨》，《北京工商大学学报》（社会科学版）2006 年第 5 期。

国华[1]通过对江西高等教育发展的实证研究，对高等教育成本分担问题进行研究，并指出相对于中央来说，地方更多受益于高等教育，因此高等教育资助主体应更多地由地方来承担。

国内外学者从不同的理论出发论证了高等教育对经济尤其是区域经济发展的重要作用，而高等教育发展的重要动力在于高校学科建设，我国学者对学科建设在高校和地方经济发展中的重要性进行了阐述。吴文清等[2]提出，高校学科建设为地方经济结构转变提供知识创新元素，通过为区域经济输送高级专业人才和推送高校研发的科研成果，有效推动区域经济转型。魏燕[3]认为，高校学科建设好坏直接决定这所高校的竞争力，决定高校在服务地方经济时起到的作用，高校学科建设要对地方经济的历史进行深入研究，展望地方经济发展前景，并结合当前经济发展趋势制定本校学科建设规划。路甬祥[4]注重一流高校的学科建设中的科学研究对高校的带动作用和对地方经济的贡献作用。王战军[5]从提高高等教育质量、提高国际竞争力的角度阐述了高等教育实现内涵式发展的重要性，我国高等教育的发展已经经历了规模扩张的阶段，接下来就要进入内涵式发展模式，高校学科建设是实现高等教育内涵式发展的重要

---

① 甘国华：《高等教育成本分担研究》，上海财经大学出版社 2007 年版。

② 吴文清等：《地方高校学科建设与区域经济转型适配性研究》，《清华大学教育研究》2013 年第 34 期。

③ 魏燕：《高等学校加强学科建设，提升核心竞争力的途径与思考》，《科教文汇》2013 年第 6 期。

④ 路甬祥：《论高等学校的学科建设》，《学位与研究生教育》1996 年第 1 期。

⑤ 王战军：《推进内涵式发展，提高高等教育质量》，《北京联合大学学报》2013 年第 27 期。

途径和必经之路。

2. 地方高校学科建设内涵和发展路径研究

学科建设内涵分析：游海①通过论述高校学科建设与学校发展定位、制度建设、人才队伍建设、科学研究及思想道德建设的关系，提出了高校学科建设的内涵和重要意义，高校学科建设需要高质量的教学和高水平的科研作为支撑，学科建设是高校进行教学和科研的灵魂所在，是高校履行人才培养、科学研究和社会服务职能的承载平台。赵修渝等②认为，学科建设是促进学科发展和提高学科水平的实践活动，而大学的学科是以高质量的学术队伍和教学及先进的科学研究为载体的，因此，高校学科建设是高校为实现人才培养和科学研究而按照特定的学科方向进行的专业设置、学术队伍建设、科研基地和实验室建设等实践活动。

学科建设发展路径的探索：路甬祥③提出，高校学科建设不仅要立足本国经济社会发展需要，还要立足全球经济竞争中确立发展目标，明确学科建设主要是培养高级人才和接班人，指出在高校由教学型向研究型转变过程中的学科建设关键是学科带头人的挑选和学科梯队的建设。

刘献君④认为，地方高校学科建设中学科方向是基础，学科方向有很多，地方高校要确立本校的特色学科，把学科前沿作为生长点，不断追踪学科发展的前沿，实现学科建设的可持续发展；学科带头人和与学科带头人相配备的

---

① 游海：《高等学校学科建设的几个关系》，《学位与研究生教育》2001 年第 12 期。

② 赵修渝、王庆：《加强高等学校特色学科建设的战略研究》，《重庆大学学报》（社会科学版）2006 年第 12 期。

③ 路甬祥：《论高等学校的学科建设》，《学位与研究生教育》1996 年第 1 期。

④ 刘献君：《论高校学科建设》，《高等教育研究》2000 年第 9 期。

学科队伍是学科建设的关键；建立全校或者全省统一的基地，建设素质优秀的实验室队伍是学科建设的依托；要把学校管理人员和学科带头人发动起来联合作战，共同争取做好重大项目，为学科建设提供载体。程永波[①]提出高校的学科建设要遵循经济建设和社会发展的需要，同时学科建设的目标要与本校办学目标相符合，高校重点建设特色主干学科的同时要注重基础学科和辅助学科的发展，实现学科建设的均衡性和整体化。赵修渝等[②]认为，高校学科建设首先要发展特色学科，根据管理学中战略管理的理念引入SWOT分析方法，发掘本校的优势和特色学科，为学校学科建设寻求发展方向。王文祥[③]根据北华大学学科建设取得的成果提出地方高校学科建设的建议，认为相对于科研来说，地方高校更以教学为中心，高水平的教学是高水平学科的前提，而科研是学科建设的载体，学科建设为科研提供前沿，教学和科研与学科建设间的关系是相互促进的关系。地方高校深入推进学科建设需要科研完成重大学科建设项目、提高学科水平，需要提升教学质量促进学科建设水平提高。叶芃[④]在对地方高校学科建设的建议中指出高校学科建设要以科学发展观为指导，制定与学校发展战略相吻合的学科建设目标，重点学科的建设既要符合地方经济社会发展的需要、凸显服务的功能，又要考虑本校自身学

---

① 程永波：《关于高校学科建设的理论探讨》，《学位与研究生教育》2004年第10期。

② 赵修渝、王庆：《加强高等学校特色学科建设的战略研究》，《重庆大学学报》（社会科学版）2006年第12期。

③ 王文祥：《地方高等学校学科建设的几点认识和思考》，《学位与研究生教育》2007年第10期。

④ 叶芃：《地方高校学科建设中应注意的几个问题》，《高等教育研究》2010年第31期。

科群的建设、带动高校整体学科的提高。

二 高校学科建设评估研究

我国学者对学科建设绩效评价的探讨主要有两种形式：一是以对高校学科建设内涵和功能的不同的理解探讨学科建设绩效评价指标体系的构建；二是通过大学评估排名的方式对高校学科建设情况进行评估。

梁传杰[①]从对高校学科建设的投入与产出情况的综合考察结合过程和结果的全面评价角度对学科建设进行全面绩效评价，这一理念在学科建设绩效评价指标体系设计予以体现。评价指标体系按照投入产出设置，对于投入的指标设置人、财、物三个一级指标，并融合对过程与结果的考察因素，考虑投入的时间变化趋势，尽量采取某一周期的平均值，产出指标依据高校只能设置人才培养、科学研究两个一级指标。程永波等[②]设置的评价指标体系含有六个一级指标，分别是师资队伍、学科平台建设、科学研究、人才培养、条件建设、学术交流，对高校学科建设涉及的每项工作都设置了一级评价指标，其中，对师资队伍、学科平台建设、科学研究三个指标考核的权重较大，并在某一所高校中选取20个学科建设项目进行绩效评价分析。

学者对高校学科评估排名基于其评估结果服务对象和评估目的不同，所设置的评价指标各有不同的考核侧重。武书连[③]对高校学科的评估一方面是为了考生和家长报考学校的时候起到参考作用，另一方面是想通过对高校间评估

---

① 梁传杰：《论学科建设绩效评价》，《北京科技大学学报》2010年第1期。

② 程永波等：《高校学科建设项目绩效评价指标体系研究》，《科技进步与对策》2008年第25期。

③ 武书连：《2010中国大学评价》，《科学学与科学技术管理》2010年第4期。

排名促进高校竞争办学，提高办学质量，因此，武书连所设置的评价指标体系主要是考核高校的社会贡献和办学规模，其评价指标体系仅由人才培养和科学研究两个一级指标构成，只是对高校学科的产出进行了评价。网大排行榜[①]的指标体系设计较多是对投入的考核，六个一级指标中只有学术成果是反映产出情况的，较倾向对科学研究的评估，设置了学术资源、学术成果两项一级指标，且物质资源和教师资源中的二级指标也有对科研投入的考察。中国校友会网[②]对高校排名评估指标体系设计侧重高校软实力建设，如培养杰出毕业生数量、社会声誉等，对于硬件指标的考察主要是科研条件和科研成果方面。武汉大学中国科学评价研究中心在对高校竞争力的评价中把高校分为重点大学和一般大学两个层次分不同的侧重点进行评估，对重点大学的考察侧重科研并设有社会声誉一级指标，对一般大学的考察侧重教学。[③]

三　高等教育财政支出绩效评价研究

相关于高等教育财政支出绩效评价的研究主要集中在高等教育机构——高校的财政支出绩效评价。西方国家从20世纪80年代就开始探讨高校绩效评价指标的应用，通过绩效评价指标体系对高校的教育质量进行评价，保证高效的办学效益并以绩效评价结果为绩效拨款的依据。2003年，党的十六届三中全会首次提出建立预算绩效评价体系的要求，为了加强部门财政资金使用的合规性和有效性，

① 2010中国大学排行榜指标体系，http：//rank2010. netbig. com/daodu_ 2. html。

② 2010中国大学排行榜指标体系，http：//rank2010. netbig. com/daodu_ 2. html。

③ 邱均平：《中国高校竞争力评价报告》，中国科学评价研究中心，2005年。

财政部和教育部制定了一系列绩效考评规章制度并对高校财政支出进行绩效评价试点工作。我国许多专家学者也对高校财政支出绩效评价开展可行性、必要性以及绩效评价指标体系、评价方法等方面的研究。

1. 高等教育财政支出绩效评价的认识研究

Cave 等①介绍了英国高等教育绩效指标的历史和对不同类型的指标的可行性和局限性的经济分析。他们还审查了在美国、德国、澳大利亚、芬兰、荷兰和瑞典的高等教育机构的评估经验。按照七个维度把高等教育指标矩阵分类为八个教学指标和六个研究指标。Gaither 等②论述了高等教育绩效指标的制定与实施，重点阐述了推动高等教育问责的需求和绩效指标的运用。探讨了加强本科教育、生产力、问责的公共和政治的关注。指出美国高等教育绩效评价是在美国政府绩效评价和问责运动中诞生的，是伴随高等教育资金拨款方式从公式拨款向“结果”“绩效”拨款方式建立和发展的，采用这种拨款方式作为激励，帮助政策制定者制定和探索一套指标体系来提高高等教育的效率和效果。文章最后总结，绩效指标作为促进政府和机构提升高等教育生产率、责任和质量的可能趋势。Burke 等③报告了美国过去十年的高等教育绩效，说明绩效信息是如何与高等教育绩效目标相关联，如何辅助高等教育绩效目标实现

① Martin Cave, et al., *The Use of Performance indicators in Higher Education*, 1991, London: Jessica Kingsley, p. 158.

② Gaither, Gerald, et al., *Measuring Up, The Promises and Pitfalls of Performance Indicators in Higher Education*, Accountability, 1995, p. 3.

③ Joseph C. Burke, Shahpar Modarresi, *Performance Funding and Budgeting Popularity and Volatility – The Third Annual Survey*, New York: The Nelson A. Rockefeller Institute of Government, 1999, p. 13.

的。Wellman[①] 通过 K－12 改革和资源稀缺的影响，教育机构间在推动问责过程中的远程学习和竞争，不同州的问责模式，探讨了州层次的高等教育问责体系。James Guthrie 和 Ruth Neumann[②] 概述了澳大利亚高等教育环境由学术导向向市场导向转变中高校对国家和地区经济的贡献和高校资金来源的变化以及提高高校资金效益采取绩效评价的必要性，强调绩效导向体系对学术工作和澳大利亚高等教育部门工作的重要性。Khalid 等[③]指出，随着高等教育机构间国际化竞争日益激烈，高校有必要加强自己的管理能力并在管理中使用信息系统，采取更有效的监督机制对绩效进行监测和评估。张泽明等[④]把效率和有效性有机结合形成“用钱效益”作为高校效益分析的基本原理，以目标为引导，部门预算为依托，环境制度为保障，使目标管理、部门预算和绩效评价共同作用形成高校绩效预算管理模式。王明秀、孙海波[⑤]认为，作为社会资源的重要组成部分，对高校资源使用效益进行监管、对高校的财政投入进行绩效评价可以提高高校财政资金的使用效益和资源的配置效率，并且促进高校办学效率的提高以及高校的发展。杜兴洋、

---

① J. V. Wellman, *Assessing State Accountability Systems*, Change 2001, 33: 46－52.

② James Guthrie & Ruth Neumann, “Economic and Non－financial Performance Indicators in Universities”, *Public Management Review*, Vol. 9, Issue2, 2007, 231－252.

③ Snadrou Khalid, et al., “Balanced Scoreboard, “The Performance Tool in Higher Education: Establishment of Performance Indicators”, 5*th World Conference on Educational Sciences*, Volume 116, 21 February 2014, pp. 4552－4558.

④ 张泽明等:《高校绩效预算管理模式研究》,《西南科技大学学报》（哲学社会科学版）2004 年第 3 期。

⑤ 王明秀、孙海波:《高等学校预算绩效评价及对策与措施研究》,《科技与管理》2005 年第 4 期。

田进、[①] 孙红霞等[②]对我国现阶段公共教育支出绩效评价研究现状进行了总结分析，杜兴洋、田进认为，公共教育支出绩效评价是绩效评价理论在教育领域的应用，通过对公共教育支出目标、结果、影响等方面的综合考核，促使资源使用者重视结果和产出，公共教育支出绩效评价应包括教育绩效目标制定、绩效考评体系设计、考评的实施以及考评结果的应用。刘国永[③]对江苏省地方高校和部属高校财政支出进行试点绩效评价，提出高等教育财政支出绩效评价是顺应新公共管理运动和政府职能转变的需要而诞生的，而且由于大学的本质决定了高等教育财政支出的绩效评价不同于其他财政支出绩效评价，并以马国贤提出的“一观三论”基本理论作为绩效评价指标设计的基本原理。覃洪、言文[④]利用高校专项资金进行绩效评价改善专项资金管理，其评价结果可以作为高等教育专项资金下一轮预算编制的依据，实现财政资金的“结果导向管理”模式，有助于强化财政支出的管理和监督。近几年，学者对高等教育财政支出绩效评价的研究具体到高校科研专项绩效评价[⑤]，项目建设专项绩效评价[⑥]，本科教学专项绩效评价[⑦]，实验室专

---

① 杜兴洋、田进：《公共教育支出绩效评价的研究现状》，《财政研究》2007 年第 1 期。

② 孙红霞等：《高等教育绩效评价的研究现状》，《价值工程》2016 年第 34 期。

③ 刘国永：《关于高等教育绩效评价的几个问题》，《大学（研究与评价）》2008 年第 6 期。

④ 覃洪、言文：《高校专项资金支出绩效评价初探》，《财会通讯》2009 年第 6 期。

⑤ 韩东海、付桂彦：《高校科研专项资金绩效评价研究》，《教育财会研究》2014 年第 8 期。

⑥ 兰军瑞：《高校项目建设专项资金绩效评价研究》，《会计之友》2014 年第 20 期。

⑦ 陈蔚：《高校本科教学专项经费绩效评价模型研究》，《浙江理工大学学报》2011 年第 2 期。

项资金绩效评价[①]，推动高等学校内涵式发展的预算管理[②]，高校整体绩效评价[③]等方面。

2. 高等教育财政支出绩效评价指标体系研究

绩效评价指标是整个绩效评价的关键和核心，基于不同的指标维度把针对评价对象设置的绩效评价指标以不同的方式组合起来构成绩效评价指标框架。OMB[④]将绩效指标分为投入类、产出类、结果类、效率类，并为每一个指标设置了目标值和基准值。Kelly 和 Rivenbark[⑤]、Ammons[⑥] 在对美国州和地方政府层级的绩效评价情况所做的调查中指出，地方层级绩效评价指标一般使用产出、效率、效力、结果和生产率指标。L. R. Jones 和 Jerry L. McCaffery[⑦] 认为，政府的工作任务应该分解为若干项目，并从五个方面设置绩效指标：投入指标、工作量指标、效率指标、效果指标和成果指标。其中投入指标描述资源、时间和项目所使用的人员，在预算中体现为货币，用于员工薪水和日常支出，也有可能是员工培训小时和每年花费在一个活动中的人数；工作量指标是代理机构做了什么的工作量考核指标，条目例如审计、申报、支票的签发、制止的数量，或者公路施

① 刘晓芸：《高校实验室专项资金绩效评价指标的设计与应用》，《教育财会研究》2014 年第 4 期。

② 杜育红、杨小敏：《推动高等教育内涵式发展》，《国家教育行政学院学报》2020 年第 2 期。

③ 乔春华：《高校开展整体绩效评价的思考》，《会计之友》2020 年第 20 期。

④ OMB：Guidance for Completing 2008 PARTs.

⑤ Kelly & Rivenbark，W. C.，*Performance budgeting for State and Local Government*，New York：M. E. Sharpe，Inc.，2003，p. 136.

⑥ Ammons，D. N.，*Municipal Benchmarks*，Thousand Oaks：Sage Publications，2001.

⑦ L. R. Jones，Jerry L. Mc Caffery，"Performance Budgeting in The U. S. Federal Government：History，Status and Future Implications"，*Public Finance and Management*，Vol. 10，No. 3，2010，p. 482.

工的公里数是典型的工作量指标；效率指标是用工作量指标和成本数据合并而成的开发单位成本指标；效果指标用来标记产出和制定的特征的一致性，例如质量、时限和顾客满意度，这些指标要求管理者为特殊的项目活动设置目标，并明确他们的顾客是谁、顾客想通过提供给他们的产品或者服务获得什么特殊需求；成果指标是用来检验项目从开始到完成是否达成使命。建议指标体系设置中机构应该集中于效率、效果和成本降低的指标，结果或者产出的指标如果可以的话也应该体现在绩效预算中，指出了成果指标的难获得性。James Cuthric 和 Ruth Neumann[①] 在文章中对不同学者设置的高等教育绩效评价指标做了总结，按照研究侧重点不同分为三组，一组重点研究大学年度报告的绩效信息和大学报告的发展绩效，另一组重点研究大学内部和外部绩效和指标，还有一组侧重研究澳大利亚、新西兰和英国大学的企业化和市场化。绩效指标设置的数量也不相同，少的有 Yorke 和 Longden 提出的侧重投入和过程的 16 个绩效指标，多的有教育科学培训部门提出的 300 多个绩效指标。不过所有的指标都包含了教学满意度和学习满意度，绩效指标用于公共问责。Khalid 等[②]借用平衡计分卡原理设置高等教育绩效评价指标体系，并称其为仪表板（dashboard），仪表板包括的指标有大学的目标和人力资源、消费的拨款、操作成本等职能的相关数据，在资源分配和

① James Guthrie & Ruth Neumann, "Economic and Non - financial Performance Indicators in Universities", *Public Management Review*, Vol. 9, Issue 2, 2007, p. 231.

② Snadrou Khalid, et al., "Balanced Scoreboard, the Performance Tool in Higher Education: Establishment of Performance Indicators", *5th World Conference on Educational Sciences*, Vol. 116, 21 February 2014, p. 4552.

结果之间建立一个密切和可观察的联系，实现中央政府的外部控制和高校为实现目标的内部控制。提出绩效指标选择的标准为相关性、真实性、能与其他指标协调的综合性、精度和可比性、可靠性和即时性。把考评高校的绩效指标分为五大类：成本指标（cost indicators）、结果指标（results indicators）、活动指标（activity indicators）、绩效指标（performance indicators）和战略指标（strategic indicators）。

我国学者在构建高校财政支出绩效评价指标体系方面的研究也比较多。国内学者对预算绩效指标框架的设计依据主要有：以预算项目的过程为依据，以结果导向为依据和以预算资金流转环节为依据。其他指标框架的构造基本上都是在这三类的基础上进行增减的。例如，财政部2009年提供的《财政支出绩效评价指标体系（参考样表）》就是把指标体系按照预算项目的过程分为项目决策、项目管理、项目绩效三个维度设置了指标框架，各个省市在绩效评价试行阶段基本上采取的是这种指标体系设置框架，比较清晰地描述了财政资金的使用过程，在一些理论研究中[①][②]也有体现，其中华秀青在探讨财政支出绩效评价的论文中构建的绩效评价指标体系就是以财政部规定的总体指标框架为依据的，只不过在三个一级指标权重设置方面进行了调整，把更多的分数分配给了项目绩效类指标。按照结果导向设计的指标体系框架引入企业绩效考评中的平衡计分法理念把绩效指标分为投入、产出与效果、能力和顾

① 董宏波：《提高预算绩效评价报告质量的途径》，《山西财税》2014年第11期。

② 华秀青：《基于AHP模型的财政支出绩效评价研究》，《经济研究导刊》2014年第16期。

客满意度四个维度或者依据这四个维度进行了演进[①②③④]。按照评价的预算资金环节设计的绩效指标体系框架是以投入、过程、产出和结果为基础指标，在投入、过程、产出和结果的基础上逻辑分析出经济效率、经济效益和三个终级指标。[⑤⑥⑦] 此外，由于高等教育相较其他行业具有特殊性，其指标体系设计时大多数的文献都不考虑过程指标，如刘国永[⑧]根据客观性原则提出评价指标要量化、根据统一性原则建议对所有性质的高校指标设置统一按照高校的人才培养、教育科研和社会服务三个职能设定指标，不根据学校类型不同而设置各异的指标、以间接性原则为指导采用间接性指标衡量社会效益，按照逻辑分析法设计指标框架为投入、活动、产出、结果、影响，并根据数据收集情况把最终的指标框架设为高等教育资源投入、高等教育产出与效果和高校的发展能力三个一级指标。包建玲[⑨]按照高校的职能——人才培养、科研研究和社会服务进行指标体

① 马国贤：《论绩效评价与预算绩效管理》，《行政事业资产业务》2012 年第 7 期。

② 王淑慧、李辉：《基于平衡计分卡的我国财政性项目支出绩效评价指标体系构建》，《消费导刊》2010 年第 2 期。

③ 王淑慧等：《绩效预算的财政项目支出绩效评价指标体系构建》，《财政研究》2011 年第 5 期。

④ 贾康、孙洁：《平衡计分卡（表）方法在财政支出绩效评价中的应用设计初探》，《山东经济》2010 年第 1 期。

⑤ 李建华、陈其辉：《政府预算绩效评价指标体系的构建》，《系统工程》2009 年第 23 卷第 3 期。

⑥ 上海财经大学课题组：《公共支出评价》，经济科学出版社 2006 年版。

⑦ 单晓敏：《完善我国绩效评价指标体系的建议》，《中国财政》2013 年第 16 期。

⑧ 刘国永：《高等教育财政支出绩效评价指标设计原理、方法及运用》，《教育与经济》2007 年第 3 期。

⑨ 包建玲：《高校预算绩效评价指标体系研究》，《南京审计学院学报》2009 年第 10 期。

系框架的设计。王明秀、孙海波[①]从高校的综合实力、运行绩效、发展潜力三个方面构建预算绩效评价体系，设定了财务指标、非财务指标，教育事业核算体系指标、基本建设核算体系评价指标、设备指标等组成的指标体系。陆媛[②]以战略绩效管理理论为基础，运用平衡计分卡把高校战略目标分层，构建了教学绩效、科研绩效、自筹能力、资产绩效、校产绩效、声誉绩效 6 个一级指标框架，并应用关键绩效指标法在各个层次中提取共 21 个关键绩效指标对预算执行结果进行评价。陈海峰[③]针对高校专项资金绩效评价指标体系中存在的绩效评价指标不完整、缺乏除财务指标以外的定量指标、指标体系不完善等问题构建以业务指标和财务指标为一级指标的指标体系，业务指标的设计是为了考察高校办学情况的，如办学目标的建立和实现情况、高校教学组织管理情况、高校办学所产生的经济效益和社会效益等，财务指标是对高校财政资金到位情况、使用过程中的财务管理情况、实际支出情况和对投入资源的配置情况。另有学者借鉴平衡计分卡（BSC）方法对高校财政专项资金的评价从不同维度设计指标体系，只不过具体设计的维度不同，如张文利（2009）[④] 按照财务维度、教学科研维度、资产绩效维度和发展维度四个方向考评高校绩

① 王明秀、孙海波：《高等学校预算绩效评价及对策与措施研究》，《科技与管理》2005 年第 4 期。

② 陆媛：《高校预算绩效评价的理论研究及绩效指标体系设计》，《技术经济与管理研究》2006 年第 1 期。

③ 陈海峰：《高校专项资金绩效评价指标体系研究》，《商业经济》2009 年第 5 期。

④ 张文利：《高校预算绩效评价体系设计研究》，《财会研究》2009 年第 23 期。

效目标的实现程度。徐东[①]和张锦高、虞劲松[②]基本上沿用了平衡计分卡原始维度的划分，根据财务维度、利益相关者维度、内部管理维度和核心能力维度四个方面对高等教育财政专项资金的关键绩效指标进行评价。彭宇飞、陈俊生[③]依据高校的职能，借用投入产出理论，设置教育经费投入、教育资源耗用、教育成果和高校发展潜力四个一级指标，并用层次分析法对指标进行权重分配。杨小波等[④]在加强高等教育财政支出合规性评价的基础上，从教学成果、科研成果、社会服务成果和发展潜力四个方面评价高等教育财政支出的成效性。

3. 高等教育财政支出绩效评价方法研究

由于高等教育财政支出绩效评价是财政预算支出绩效评价的一个重要分支，因此，目前的文献中所使用的评价方法与财政预算支出绩效评价方法之间并没有严格的区分。L. R. Jones 和 Jerry L. McCaffery[⑤] 介绍了项目评估评级工具（PART）在预算绩效评价中的使用，认为美国政府在人力资源管理生产率、竞争性采购（如承包）、财务管理、电子政府和绩效评估与预算的整合方面通过使用项目评估评级工具达到了削减预算的目的。介绍了 PART 的总体目标：

---

① 徐东：《高校专项资金绩效评价指标体系的构建》，《财会通讯》2009 年第 2 期。

② 张锦高、虞劲松：《高校专项资金绩效评价指标体系方法选择》，《财会月刊（理论）》2008 年第 12 期。

③ 彭宇飞、陈俊生：《高等学校教育支出绩效评价指标体系构建》，《山西财经大学学报》2012 年第 5 期。

④ 杨小波等：《高校财政支出绩效评价存在的问题与对策》，《会计之友》2015 年第 5 期。

⑤ L. R. Jones, Jerry L. McCaffery, "Performance Budgeting in the U. S. Federal Government: History, Status and Future Implications", *Public Finance and Management*, 2010, Vol. 10, No. 3, p. 482.

①测量和诊断项目的绩效；②在一个系统的、一致的和透明的方式下评估项目；③为代理机构和OMB管理在管理、立法或者监管的改进和预算决策提供信息；④关注项目改进和对前一年评级衡量进展。并列举了PART的优点：①分数很容易理解因为简单——只有五个类别。②PART分数测量一系列的变量，这些变量代表着战略和年度计划，通过项目和机构根据机构设置并报告给OMB的数据管理和执行。我国学者对PART在中国的应用也有相关研究，苟燕楠[①]在《绩效预算：模式与路径》一书中详细介绍了项目评估评级工具（PART）在我国地方以及中央部门项目绩效评价的应用，并指出PART在我国绩效评价实践中反映出的问题：预算粗糙、政府部门绩效预算理念的缺乏、指标设置的困难以及评价结果应用效果不明显，而且评价问题框架没有像美国政府按照不同的项目设置不同的问题框架，而是把问题框架理解为通用指标。提出我国绩效评价工作使用PART模型需要提升部门绩效预算管理能力和立法部门的预算能力，加强政府五年规划与长远计划和预算之间的联系。此外，国内很多学者也详细介绍了PART的应用方法和在我国绩效评价工作中的借鉴情况[②③④]。

此外，我国学者在对预算支出绩效评价进行实研究时

① 苟燕楠：《绩效预算：模式与路径》，中国财政经济出版社2011年版，第171—242页。

② 张志超等：《美国政府绩效预算的理论与实践》，中国财政经济出版社2006年版，第172—188页。

③ 吕昕阳：《典型发达国家绩效预算改革研究》，中国社会科学出版社2011年版，第86—91页。

④ 马志远：《我国财政绩效评价的现状与推进路径》，《山东财政学院学报》2012年第9期。

借鉴国外的经验引入了标杆管理法[①]，平衡计分卡方法[②③④⑤⑥]，层次分析法[⑦]等方法的使用探讨。并针对不同的绩效评价对象尝试使用不同的评价模型：彭国甫[⑧]运用模糊综合评价模型，在综合考虑多种因素的作用下，构建了以地方政府公共事业管理的业绩、成本及其内部管理三个维度为一级指标的地方政府公共事业管理绩效评价指标体系，运用模糊数学工具进行多指标综合评价。在划分绩效评价指标权重时又运用了层次分析法。张清廉等[⑨]运用多元统计因子分析法对我国 30 个省份的财政支出绩效情况通过设置收入分配、居民生活等 9 个类别、24 个评价指标进行了评价和比较研究。崔元锋、严立冬[⑩]在对财政农业支出资金绩效评价中借助数据库包络分析模型，尝试基于 EXCEL 的加载宏 Premium Solver 算法来处理 DEA 中最基本的 CCR 模型

---

① 马国贤：《我国绩效指标体系建设研究——以公共教育支出绩效评价为例》，《行政事业资产与业务》2008 年第 1 期。

② 孔志峰：《绩效预算论》，经济科学出版社 2007 年版，第 169—222 页。

③ 安秀梅：《政府公共支出绩效评价方法的国际比较与我国评价方法的选择》，《财政监督》2007 年第 3 期。

④ 马骏等主编：《国家治理与公共预算》，中国财政经济出版社 2007 年版，第 266—276 页。

⑤ 贾康、孙洁：《平衡计分卡（表）方法在财政支出绩效评价中的应用设计初探》，《山东经济》2010 年第 156 卷第 1 期。

⑥ 谢秋玲等：《平衡计分卡在高校财务绩效考核中的应用——以青岛科技大学为例》，《中国经贸导刊（中）》，2019 年第 12 期。

⑦ 郭化林、张婷：《我国地方政府高等学校教育财政投入影响力及差异性评价——基于 2004—2014 年的省际面板数据》，《教育发展研究》2016 年第 1 期。

⑧ 彭国甫：《地方政府公共事业管理绩效评价指标体系研究》，《湘潭大学学报》2005 年第 5 期。

⑨ 张清廉等：《我国地方财政支出绩效评价研究——以因子分析法为基础的分析 》，《河南社会科学》2009 年第 17 卷第 6 期。

⑩ 崔元锋、严立冬：《基于 DEA 的财政农业支出资金绩效评价》，《农业经济问题》2006 年第 9 期。

程序。伏润民等[①]采用DEA二次相对效益模型对一般性转移支付绩效评价进行了探讨。张友棠等[②]利用数据包络分析法构建投入—产出二维绩效评价模型对大学预算绩效进行评价。

对于高等教育财政支出绩效评价指标框架的构建，我国学者已有研究主要有：①基于逻辑分析法的“投入—过程—产出—结果”对高等教育支出绩效评价指标进行组合的[③]，分别构建了以“教育质量—科研—社会服务”[④]高等教育支出绩效评价指标体系和“绩效目标—投入指标—产出指标—结果与影响指标—实施与管理”[⑤]为框架的高校科研绩效评价指标体系。②平衡计分卡和关键绩效指标相结合的指标体系[⑥⑦⑧]实现点面结合，既实现了评价目标的层次划分，又借助关键指标实现了预算导向。③考察了除财务指标以外的目标完成、经济效益、社会效益等定量指标，以业务指标和财务指标为一级指标构建绩效评价指标框架[⑨]，从影响投入的因素出发，着重考察投入的数量和产出

① 伏润民等：《我国省对县（市）一般性转移支付的绩效评价———基于DEA二次相对效益模型的研究》，《经济研究》2008年第11期。

② 张友棠等：《基于DEA的大学预算绩效拨款模式创新设计》，《会计研究》2014年第1期。

③ 刘晓凤：《中国高等教育支出绩效评价》，《晋中学院学报》2012年10月。

④ 刘国永：《高等教育财政支出绩效评价指标设计原理、方法及运用》，《教育与经济》2007年第3期。

⑤ 安秀梅：《政府绩效评估体系研究》，中国财政经济出版社2009年版，第210—212页。

⑥ 陆媛：《高校预算绩效评价的理论研究及绩效指标体系设计》，《技术经济与管理研究》2006年第1期。

⑦ 张锦高、虞劲松：《高校专项资金绩效评价指标体系设计方法选择》，《财会月刊》2008年第12期。

⑧ 徐东：《高校专项资金绩效评价指标体系的构建》，《财会通讯》2009年第2期。

⑨ 陈海峰：《高校专项资金绩效评价指标体系研究》，《商业经济》2009年第5期。

效益间关系，从财政教育投入的影响因素、财政性教育投入的努力程度、财政性教育投入的进步程度、教育资源配置的合理性以及财政性教育投入使用效率和效益五个方面构建指标体系。[①]

4. 高等教育财政支出绩效评价存在的问题研究

Cave 等[②]指出，英国现在所提出的绩效指标没有充分区分教学、研究、其他服务和管理的费用，有必要把高等教育绩效指标按照不同的功能、学科和成本中心分类。L. R. Jones 和 Jerry L. McCaffery[③] 梳理了美国绩效评价变革历史，并分析绩效评价是否在联邦预算改革中发挥了作用。从早期胡佛委员会提出的关注工作量和效率的评价的绩效预算到 1993 年通过的政府绩效与结果法案和 1995 年随后公布的政府管理法案，结论提出在财政和金融压力下的预算改革面临的困难。绩效评价实施受政治环境制约，2008—2010 年，奥巴马政府并没有把行政改革提上日程（除了财政机构的管理领域，国家安全和交通安全）。

杜兴洋、田进[④]总结国内学者教育绩效评价指标体系设计，认为普遍存在重支出分配轻支出后绩效，指标体系设计所考察的内容不全面，对于不同层次的教育应该设计不同的通用绩效指标体系。绩效评价结果应该与下一年教育

---

① 王曼丽、田时中：《基于主成分分析的高等教育财政投入绩效评价研究》，《财政监督》2017 年第 10 期。

② Martin Cave, et al., *The Use of Performance Indicators in Higher Education*, 1988. London: Jessica Kingsley, p. 58.

③ L. R. Jones, Jerry L. McCaffery, "Performance Budgeting In The U. S. Federal Government: History, Status and Future Implications", *Public Finance and Management*, Vol. 10, No. 3, 2010, p. 482.

④ 杜兴洋、田进：《公共教育支出绩效评价的研究现状》，《财政研究》2007 年第 1 期。

财政拨款相联系。覃洪、言文[①]指出，高校学科建设及科研产生的效益难以在短期内显现，财政专项资金通用的绩效评价指标体系不适合高校自身发展规律，另外，高校专项资金项目建设周期短而无法有效评价高等教育产出和效果。任瑞璋[②]认为，高校项目支出绩效评价没有相应的规章制度和专门的组织管理机构，绩效评价指标体系的设置侧重于过程和财务合规性考核，忽视了项目的经济型、效率性和效果性的考评，评价侧重于财务合规性审计，高校项目支出收益的时滞性导致效益难以衡量。杨小波等[③]在对河北省11所大学绩效评价情况进行调查的基础上指出河北省高校财政绩效评价指标体系和制度方面的欠缺，评价指标体系仅仅是合规性的检查，没有针对资金使用的经济性、效率性和有效性的评价，且评价指标由各个高校自行选择、评价机制不统一。

四　文献评述

1. 现有文献的贡献

（1）学者们分别从学科建设结构和学科建设功能对高校学科建设内涵进行了全面的探讨，高校学科建设的人才培养、科学研究和服务社会的功能完全凸显了高校学科建设的准公共产品的特征，凸显了高校学科建设服务地方社会经济的特性，提出地方经济社会发展与高校学科建设的重要关系。这对于地方政府加强对高校学科建设财政投入和高校学科建设财政专项资金使用效益的监督有着重要的启示。

---

① 覃洪、言文：《高校专项资金支出绩效评价初探》，《财会通讯》2009年第6期。

② 任瑞璋：《关于高校项目支出绩效评价的思考》，《财会研究》2013年第3期。

③ 杨小波等：《高校财政支出绩效评价存在的问题与对策》，《会计之友》2015年第5期。

（2）学者们指出地方高校学科建设发展的路径是发展优势特色学科，实现学科发展与地方社会经济发展相契合。地方高校的学科队伍建设是学科建设的关键，教学和科学研究是学科建设的支撑，学科基地建设和学科环境完善是学科建设的依托。以上对于学科建设关键点的分析，为本书设置地方高校学科建设财政专项支出绩效评价指标体系提供了参考。

（3）研究探讨了高等教育财政资金使用的绩效评价指标体系的构建，国内外学者对高等教育财政支出绩效评价指标体系的构建基本都是以财政预算绩效评价指标体系为基础的，并对不同的绩效评价方法进行了探讨，为本书高等教育学科建设专项资金绩效评价指标体系的构建和方法的选择奠定了理论和实证基础。

2. 现有文献研究存在的不足之处

（1）现有文献对高校学科建设及高校学科建设绩效评价的研究很多，虽然意识到地方高校学科建设对地方经济社会发展的重要促进作用，但是在探讨学科建设重要途径时，提到学科方向的选择，仅仅从高校学术活动或高校内部管理的角度考虑高校学科建设要发展特色学科、优势学科，建设健全的学科群，没有考虑地方财政对高校学科建设方向的引导，没有从财政支持的角度分析地方高校学科建设绩效情况。

（2）财政专项支出绩效评价中仅在大方向和领域对高等教育财政支出专项进行了绩效评价探讨。财政对高校的专项资金补助种类很多，如场地设备维修改造经费、离休干部统筹医疗费、科研项目经费、重点实验室建设经费、干部培训经费等，按照其经费使用性质可以分为硬件设施建设经费和软件建设经费，又可以分为基建大型维修经费和学科建设经费等，但是学者们对高等教育专项支出进行绩效评价时并没有区分各项经费的不同，没有分析高校建设的龙头——学科建设财政支出绩效情况。此外，所有专项资金放在一起考评，无法审查资金挪用情况，不利于高校资金规范管理。

（3）对于学科建设绩效评价指标的设置采取的是绝对数，而不是相对数，如产出指标中对人才培养产出的衡量设为在校研究生数、在校本科生数，这在本书的绩效评价指标设计中是不可取的，这会促使高校盲目追求办学规模的扩大，而忽视了绩效的提高。而且学者们对高校评估基本上都是以高校职能为依据设计评价指标体系，且都是对投入和产出进行考评，忽视了过程评估。

（4）对学科评估忽视了不同学科之间的差异，认为不同类型的大学与不同学科的科研人员间的创新能力是相同的。以科研人员投入比例为评估依据，有失偏颇，自然科学类的科学研究人员相对社会科学类的科学研究人员较多，其科学研究所得分数自然较高。

针对以上几个需要进一步探讨的地方，本书旨在三个方面有所突破：首先，在财政专项支出中对地方高校学科建设财政专项支出进行绩效评价；其次，按照不同的学科分类设置绩效评价指标体系；最后，借鉴学科建设绩效评价指标体系设置方法，构建地方高校学科建设财政支出绩效评价指标体系。

第三节　研究的基本思路与方法

一　研究的基本思路

本书从高等教育对经济发展的重要作用入手，剖析高等教育发展的重要性，而高等教育的发展龙头是高校的学科建设，高校学科建设发展决定了一所学校的学科水平和教育科研实力，而地方高校区域性的特点，决定了地方高校学科建设的成果更多的是为地方经济社会发展服务，因此，地方政府对地方高校学科建设专项的财政投入可以有效地引导高校学科建设发展方向，对此专项支出进行绩效评价可以提高其资金的使用效益，促进学科建设工作绩效提高。而学科建设财政专项资金绩效评价工作是高等教育财政专项资金绩效评价工作的重要组成部分，其评价原则和规律既符合财政专项资金绩效评价，但因其产出的时滞性和异质性在具体绩效评价体系和指标设置时又具有自身的特点。因此，本书在分析我国地方各省（市、区）开展财政资金绩效评价工作，并借鉴国外的高校财政资金绩效管理方法的基础上，提出适合我国地方高校学科建设财政专项资金绩效评价的指标和方法，试图建立一套合理可行的绩效评价指标体系。

二　研究的基本方法

1. 实证分析与规范分析两者相结合的方法

运用规范分析方法，对学科建设资金绩效评价的基本理论、范畴，包括评价主体、评价流程、评价标准和评价模型以及评价指标进行规范的静态分析和探讨，构建本书的理论框架，并试图建立可行的绩效评价体系构建绩效评价指标体系。参与吉林省专项资金绩效评价工作，了解掌握绩效评价基本原理和实际工作情况，运用实证分析方法，实地访谈吉林省教育管理部门和财政部门以及各高校的相关工作人员，了解学科建设工作及资金投入使用情况，并通过实地调查获得吉林省重点高校相关的一手材料，以验证这些评价体系、所设置的评价指标和所采用的方法的科学性、可行性和有效性。

2. 定性分析与定量分析两者相结合的方法

高校学科建设产出的效益不仅有定量的财务指标，还涉及社会效益及可持续发展等定性指标，本书通过定性分析与定量分析相结合的方法，在定性分析的基础上，尽量采取更多的定量指标并把定性问题以定量数据解释，以达到评价的客观性要求，以数据的变化寻找绩效评价的内在规律，使对高校学科建设资金绩效评价的实证分析更具有说服力。以定性分析和定量分析相结合的方法，构建基于高校学科建设本身视角的绩效评价指标体系。

3. 多学科交叉运用的方法

高校学科建设资金绩效评价不仅是财政运算问题，还涉及管理学、教育学、社会学、统计学等多学科领域的问题。例如，学科建设发展方向和目的要考虑当地发展战略和目标；学科建设是高校发展的龙头，学科建设好坏直接涉及高等教育发展问题；学科建设发展方向又决定了高校的产出对社会经济发展的贡献；绩效评价所借鉴的方法和理念来源于管理学等。

4. 文献研究法

笔者在写作过程中，阅读了大量的国内外相关资料，包括理论文献、权威著作和国内外期刊。探寻学科建设资金绩效评价的理论依据——公共管理理论、委托代理理论和高等教育与经济发展相关理论，梳理现有的研究文献脉络，结合我国工作实际寻找国内外有关高等教育专项资金绩效评价研究体系的不足，展开完善绩效评价的研究工作。并通过查阅各个省市财政部门在政府工作网站上公布的绩效评价工作情况，为研究学科建设专项资金绩效评价体系的构建提供现实基础。

第四节　研究的创新之处与难点和不足

一　研究的创新之处

（1）构建了地方高校学科建设财政专项支出绩效评价体系。根据我国地方高校学科建设情况，从学科建设的职能入手，确定了学科队伍建设、人才培养和科学研究三大影响高校学科建设资金使用绩效的评价因素，在前人总结的基础上，提出了地方高校学科建设财政专项支出绩效评价应遵循以战略、结果、顾客为导向和委托代理的理念，还提出了应遵循的内涵式发展的理念，以上理念在绩效评价体系的构建中起到引导作用。

（2）构建了地方高校学科建设财政专项支出绩效评价模型。本书以提出的绩效评价理念为指导，以内外部环境分析—战略规划—绩效目标制定—项目立项—项目实施—

项目产出—项目成果为主线，构建绩效评价模型，实现对专项资金的投入、过程、产出和影响的全面评估，并以评估结果和绩效目标的对比结果提出绩效改进建议。

（3）在绩效评价环节，受广东省对“2009—2011 年广东省民办教育专项资金”绩效评价中引入 SPSS 软件分析绩效指标数据方法的启发，引用数据包络分析方法对吉林省地方重点高校人文社科类学科建设财政专项从 2011 年到 2014 年的资金使用绩效进行时间序列分析，分析从 2010 年到 2014 年财政资金投入和高校学科建设产出之间的绩效。

（4）从高校学科建设财政专项补助资金绩效评价入手，把高校财政专项资金剖析开来，分别进行评价。财政对高校专项资金补助包含基础设施建设、离退休人员补助、学科建设、科学研究等方面，而高校发展的核心动力在于学科建设的水平，把高校各种专项资金用途混在一起进行绩效评价，分析财政资金投入使用效益，无法准确地剖析学科建设资金使用效益，尤其是基础设施建设和学科建设性质不同，而且容易造成资金挪用的后果，把学科建设专项资金从高校财政专项资金中单列出来进行绩效评价，一方面有利于促进学科建设专项资金使用效益的提高，另一方面便于规范高校资金使用管理。

二　研究的难点和不足

（1）学科建设支出绩效存在时滞。财政资金使用目标具有多元化，通常可以分为近期目标和远期目标，近期目标的重点是直接效益，远期目标是为了获得长期的社会经济效益。学科建设投入的人、财、物，当年未必完全发挥作用，需要在以后各年发挥作用，尤其是对人才培养的绩效——高级专门人才所创造社会价值的考察，需要经过一定时期之后才能看到成果。因此，当年的学科建设产出往往不仅与当年的学科建设投入有关，而且与过去的投入有关。

（2）评价指标体系的准确设置。绩效评价的核心内容是绩效评价指标体系的设置，我国的财政支出绩效评价在各省（市、区）及中央部门较全面和迅速地开展，但整体来看仍处于起步阶段，尚缺乏完整的可供选择的指标库，浙江省、广东省等绩效评价工作开展比较成熟的省份开始了绩效指标库的建立和完善，但是学科建设专项资金绩效评价尚无现成的可选取的指标。评价指标对于被评价对象的工作来说起到指引的作用，指标的设置实质上对被评价单位工作方向起到了导向的作用。绩效评价指标对被评价对象产出的效益要进行准确描述和衡量，而高校学科建设的产出具有时滞性和异质性，不仅需要经济效益的衡量，也要对其社会效益和发展前景进行衡量，指标的选取要能对高校学科建设产出的描述体现其长期性和复杂性难度较大。

（3）依据教育部的分类，高校的学科分为 12 个门类，不同门类的学科在建设中财政资金投入和产出成果相差迥异，而且随着学科群和新兴学科的发展，学科间相互交叉，对不同的学科建设产出绩效评估需要不同的指标体系来衡量。在评价过程中的数据采集和整理环节，如何把所评价学科建设的产出从高校交叉学科以及其他活动中分离开来也是一大难题。

（4）绩效评价指标的实用性需要大量的数据支撑。绩效评价工作有效开展的基础是大量的翔实的基础数据，学科建设资金的使用效益体现在高校的人才培养、师资队伍建设、学科平台建设、科学研究等方方面面，几乎涵盖了学校所有部门的最基本的数据，如招生就业处、财务处、教务处、学科发展规划处等，需要学校做好平时工作数据的积累和整理。数据库的缺失和不完善给绩效评价指标的选取、数据的采集和分级以及最终绩效评价结果的获得带来很大难题。

（5）高等教育相关机构对绩效评价的观念接受问题。美国等发达国家可以采取绩效拨款的形式对高校绩效起到导向作用，而我国高校基本上都是公立的，其资金来源主要靠财政拨款，长期以来，高等教育工作的运行一直是“公营”的理念，对高校学科建设资金绩效评价不仅涉及各个高校，且涉及高等教育的相关管理部门，如教育厅、高校就业指导中心等，如何把绩效的理念引入公营机构，如何做到所有的信息公开化，都是目前绩效评价工作所遇难题。

（6）对地方高校学科建设财政专项补助资金的实证分析，只是以吉林省地方高校人文社科类学科建设为例，采集吉林省统计的数据进行的实证分析，而且有些采集到的数据并不是公开获得的，评价结论不具有代表性和普遍性，在以后的研究中，可以借鉴此方法对我国的各个省份及地区的高校和不同学科作为研究对象，对高校学科建设财政专项补助资金绩效评价继续进行深入的研究。

（7）在绩效评价指标的数据采集过程中，数据的取得大部分来源于 Web of Science 核心集、全国哲学科学工作办公室网站、中国知网，评价结论具有较强的说服力，但是由于短时间内信息获得的难度，社会声誉和学生满意度等定性指标数据没能有效获得。而且一些能够更有效表征评价对象的指标，因为其数据的保密性和统计数据人员交接工作的原因不可得而不得不以其他指标来代替，使评价指标的设置不能尽善尽美。绩效评价的产出指标对于指标体系的设计尤为重要，在今后的研究中，要注意数据采集的全面性和完善性，使绩效评价指标体系更加完善，对地方高校学科建设的产出能够进行更加精准的描述。

第二章

地方高校学科建设财政专项支出绩效评价研究的理论基础

第一节　新公共管理理论

一　新公共管理理论简介

20 世纪 70 年代由英国的撒切尔夫人领导的保守党政府开展了政府改革运动，随后这项改革扩展到其他西方国家乃至整个世界。1991 年，胡德（Christopher Hood）发表了《一种普适性的公共管理》，在文章中提出了“新公共管理”的概念，指出撒切尔政府领导的政府改革运动即为新公共管理运动。新公共管理运动目标在于建立一个少花钱多办事的政府，简化政府办事程序、提高工作效率，并注重绩效管理。传统的公共行政学理论诞生于西方国家工业化时期，其主要基础理论是韦伯的官僚体制和威尔逊、古德诺等的政治与行政二分法的理论，以效率为中心，政府规模庞大、层级分明，官员办事要严格遵章循规。西方世界发展到后工业时代时期，由于信息技术的迅猛发展和全球化浪潮的推动，社会公众的价值观呈多元化发展、对社会的需求愈加多样化，随着公众个体素质的提高，对民主的意识和参政的意识逐渐增强，在这种变化下，对政府的工作就要求更加高效和灵活、需要政府具有较强的应变力和创造力，传统的政府行政组织模式过于僵化，组织弹性低、灵活性差，无法适应多变的外界环境需求，导致政府提供公共服务的高成本、低效率，新公共管理理论认为可以借鉴私营部门和企业管理的理论和经验来提高政府和公共部门管理的绩效水平，如绩效管理、目标管理、组织发展、人力资源开发等管理方法可以运用到公共部门的管理中，改变政府以往的僵化的科层组织模式，新公共管理理论倡导政府在工作环节中采用更加灵活、富有成效的管理方式。新公共管理理论确立了政府和公众之间的“服务供应者”和“顾客”的关系，强调政府公共管理中的顾客导向，将竞争机制引入政府公共服务领域中，由注重过程和投入转向注重结果，新公共管理理论淡化了政府的政治职能，强调了政府的社会管理和公共服务职能。

新公共管理理论包括以下内容：第一，以市场为导向。在新公共管理理论中，重塑政府与社会的传统公共管理，政府由原来的统治阶级的代表、官僚机构转变为负有责任的“企业家”，而公民是政府身为“企业家”所服务的“顾客”，政府的服务要以人为本。新公共管理理论主张政府服务以顾客或市场为导向，通过调查听取顾客意见、改进服务质量、向顾客做出承诺等改善公共部门的服务质量、提高公共部门的形象。第二，引进私营企业的管理模式和竞争机制。在新公共管理运动中，政府以“企业家的精神”改造行政文化，借鉴企业的项目预算、业绩评价、战略管理等管理理论，重视人力资源的开发与管理，采用全面的目标管理和质量管理，对政府工作人员及其工作进行绩效评价，不仅仅重视工作的过程，更注重工作的结果，在公共部门实行绩效管理，对结果进行评价，给予达到既定工作目标的部门和员工物质奖励。第三，政府采用多种形式的授权对公共部门的工作进行管理。在传统官僚制组织结构中，只有上级具有决策权，基层工作人员缺乏自行处置的权利，难以适应多变的外部环境。在私营企业中，往往采取分权的方法，通过减少层级、分散决策权来提高决策效率。新公共管理也主张权力下放，主要有三种授权形式：一是组织授权，把决策、管制等权力授予提供服务的组织和服务型组织；二是雇员授权，授权给每个部门的一线工作人员，保证工作人员在工作中有灵活的处置权力；三是社区授权，在一定政府财力支持下，授权给社区或社群，让他们自己提供社区和社群需要的服务、自己解决问题。新公共管理理论认为，授权比集权更具有灵活性，简化公共部门的内部结构，而且赋予一线员工一定的自主权，有利于提高员工的工作积极性、增强工作人员的责任感、提高公共部门的服务效率和效果。

二 新公共管理理论与地方高校学科建设财政专项支出绩效评价

新公共管理理论提倡绩效管理，对公共服务设定既定的绩效目标，对公共部门提供的服务进行全过程的检测并以绩效目标为标准对公共服务的质量、顾客的满意程度、服务的效率和成本收益等进行系统的评价，新公共管理为政府财政支出绩效评价奠定了制度基础，推动了绩效评价体系的形成，促进了绩效评价制度化和法制化。高等教育作为准公共产品，其提供部门——高校也应该借鉴企业管理中的绩效管理模式，提高资金使用效益。地方高校学科建设涉及的专业设置、科学研究、培养的人才质量等要适应地方市场的需要，因此，在新公共管理理论指导下，将高校处于市场经济中，借鉴成熟的企业管理模式，实现管理目标。将新公共管理理论引入地方高校学科建设财政支出绩效评价中，引导学科建设支出管理像企业资金管理那样建立绩效和成本核算管理办法，以注重政府资金投入和办事效果的财政效率为核心，通过设定绩效目标、对学科建设支出进行绩效评价，考核高校提供的服务的质量和成本，砍掉无效率的学科建设项目，将资金集中于提供有效的项目中，对高校学科建设起着良好的促进作用：首先，有利于高校根据地方经济发展需要并结合本校特色学科凝练学科方向，推进高校发展特色学科和地方社会经济发展相契合；其次，有助于高校学科建设产出的高级专门人才和科学研究的成果更好地为地方社会经济服务，实现并提高高校学科建设产出绩效；最后，促进高校内部加强学科建设绩效管理，提高学科建设绩效。

第二节　委托代理理论

一　委托代理理论简介

委托代理理论是在 1932 年伯利和米恩斯提出所有权与

控制权分离的代理理论命题后确立的，20 世纪 70 年代开始兴起于经济领域，最早由经济学家罗斯（S. Ross）于 1973 年在《美国经济评论》上发表的《代理的经济理论：委托人问题》一文中提出，重点在于研究企业内部治理结构中信息不对称和激励问题，现代的委托代理理论已经开始适用于政治、经济、社会等多个领域。

委托人之所以要寻找代理人，其原因是多方面的：他可能缺少某些特殊的知识或技能，而代理人却有；有些工作由于规模大或复杂程度高，承担者本人无法独立完成，需要委托其他人协助行动。在委托代理关系中，代理人被赋予权力代替委托人从事某项活动或者进行某项决策，委托人都会预期和希望代理人能够诚实、公允地履行受托经济责任，帮助委托人保全财产并实现财产的高效、安全运行，实现委托人的利益最大化。委托人面临着两类不可规避的风险：逆选择和道德风险。逆选择是指委托人在选择代理人时会因为信息不对称而误选择能力比较差的代理人，逆选择属于事前风险，发生在委托代理协议签署之时；道德风险是指在代理人接受委托为委托人行使权益时，有可能会通过不正当的行为而损害委托人的利益，或者由于委托人的某些行为而使代理人权益受损，在委托代理关系中，因为代理人进行代理活动所产生的后果是由委托人承担的，而且代理人与委托人效用目标不同，所以，容易出现代理人损害委托人利益的情况，道德风险属于事后风险，即在契约签订之后产生的风险。

为了解决代理人问题，委托人首先是通过完备和代理人之间的契约，明确代理人的代理权限和相应的责任负担，其次采用激励和监督的方法促使代理人更大程度地增进委托人的利益。

二　委托代理理论与地方高校学科建设财政专项支出绩效评价

根据上文介绍，形成委托代理关系需要具备几个条件：受托人有专业能力；委托人有支付能力；受托人有信息优势，且信息不对称；委托代理双方有契约关系制约。高校具有人才培养、科学研究和社会服务的能力；政府为高校的学科建设提供经费支持，有支付能力；相对来说，高校及其院系比政府更加了解自己的知识、能力和完成绩效目标的过程情况，具有信息优势；政府通过项目的立项批准、项目完成情况的奖惩措施对高校学科建设项目施以监督约束的作用。因此，在政府和高校间存在明确的委托代理关系。政府是委托人，高校及其院系是受托人，高校学科建设财政专项资金为委托费用。政府依据高教强省的经济发展战略，对高校学科建设投入财政资金，以学科建设促进高校实现内涵发展，以绩效评价促进学科建设财政专项支出的绩效提高，最终达成促进高校发展进而为地方社会经济发展服务的目的。在地方高校接受政府财政专项补助进行学科建设活动中，不仅存在地方政府和高校的委托代理关系，还有社会公众和政府的委托代理关系，政府一方面使用公共财政资金委托高校提供高等教育，另一方面代表高校为公众提供公共服务。

不过，学科建设专项资金使用过程中形成的委托代理关系和企业管理中的委托代理关系有些不同之处，具体体现在：第一，委托代理链条较长，具有多层级性，公众和政府之间构成了委托和代理的关系，更进一步，在政府和高校间又形成了多层级多重任务的委托代理关系，更大程度上削弱委托人的控制能力；第二，公众与政府之间的委托代理关系具有纯粹的授权属性，政府提供的公共产品和公众因获得公共产品而支付的税收或者费用没有通过市场机制有效地联系在一起，在公共产品提供中，既无具体的财产所有者，又无明确的委托人，也就无法像企业管理那样建立对委托人和代理人双方有效的激励机制，在财政预算中，预算资源属于全体人民，实际上没有具体所有者；第三，由于地方高校本质上属于非营利性机构，激励机制中的剩余收益无法直接利益化，这就在客观上增加了对地方高校学科建设的实际业绩考核的难度，而且地方高校学科建设所产出的高级专门人才和科学技术并非市场供给或垄断供给，也使制定高校学科建设进行绩效考核的标准变得非常困难。

第三节　战略管理理论

一　战略管理理论简介

在西方，“战略”（Strategy）一词来源于希腊文 strategos，其含义是“军队”和“领导”的意思，我国春秋时期孙武所写的《孙子兵法》和《左转》《史记》中也提及“战略”一词，纵观历史，战略最早是应用在军事和政治领域中的，是对战争全局的筹略和指导。随着人们实践活动的丰富，各个领域活动的相关性的增强，“战略”一词被广泛地应用到政治、经济、教育、管理等各个领域。20 世纪六七十年代，战略的思想和方法被广泛运用到企业管理中，企业愿意借鉴战略的方法增强应对未来不确定性的能力，不同的学者对战略的定义做了探讨，如表2－1所示。

表2－1　1947—1979年学者对战略定义所作的学术探讨

年份	代表人物	定义
1947	冯·诺依曼、摩根斯坦（Von Neumann，Morgenstern）	战略是企业根据特定形势，作出的一系列行动决定
1954	德鲁克（Drucker）	战略是分析当前形势，在必要时做出改变。其中包含着发现所拥有的资源以及应该拥有什么样的资源
1962	钱德勒（Chandler）	战略是界定企业的长期基本目标，正式通过一系列行动步骤，配置必要的资源，以实现这些目标
1965	安索夫（Ansoff）	战略是根据产品/市场范围、增长量、竞争优势以及协同作用做出决策的准则
1968	卡农（Cannon）	战略是未达到企业目标做出的具有竞争力的方向性决策
1969	雷纳德、克里斯坦森、安德鲁斯、古斯（Learned，Christenson，Andrews，Guth）	战略是企业的目标、目的或愿景，以及为实现这些愿景所指定的主要政策和计划。战略在企业定义现在以及将来商业模式和企业类型中表现出来
1971	纽曼、洛根（Newman，Logan）	战略是前瞻性的计划，遇见变化并主动出击抓住机遇，这些融合在企业的概念和使命中
1972	申德尔、海腾（Schendel，Hatten）	战略被定义为组织的基本目标，为达到目标选择的主要行动计划，以及与组织所处环境相关的主要的资源配置模式
1973	尤伊特胡芬、阿克曼、罗森布鲁姆（Uyterhoevern，Ackerman，Rosenblum）	战略为企业提供方向和凝聚力，包括以下几个步骤：战略规划、战略预测、资源审查、寻找战略替代方案、一致性监测、战略选择

续表

年份	代表人物	定义
1974	艾考夫（Ackoff）	战略是关于企业的长期目标以及在实现目标过程中所采取的能够整体影响系统的方法
1975	佩因、纳美兹（Paine，Naumes）	战略是企业为实现目标所采取的具体的行动和行动模式
1975	麦卡锡、密尼氏罗、克伦（McCarthy，Minichiello，Curran）	战略是对环境的分析和经济性替代方案的选择，与企业的资源和目标相匹配，其面临的风险是替代方案的营利性和可行性
1976	戈卢安克（Glueck）	战略是为保证企业实现其基本目标所设计的统一的、综合的、协调的计划
1977	麦尼卡斯（McNichois）	战略包含于政策规划中，它由一系列反映企业基本商业目标及运用技巧和资源实现目标的决策组成
1977	斯得讷、麦讷（Steiner，Miner）	战略是根据企业内外部力量放弃企业使命、设定组织目标，制定具体的政策和策略来实现目标，并且确保政策和策略被恰当地执行，以实现组织的基本目的和目标
1979	明茨伯格（Mintzberg）	战略是一股调和组织与其环境的力量，连续不断地为应对环境所作出的一致性决策
1979	申德尔、霍弗（Schender，Hofer）	战略为组织提供实现其目标的方向，应对企业所处环境中的机遇与挑战

资料来源：转引自刘国永等编著《预算绩效管理概述》，江苏大学出版社 2014 年版。

战略管理（Strategy Management）的概念是美国学者安索夫（Igor Ansoff）在其 1976 年发表的著作《从战略计划走向战略管理》中首次提出的，安索夫认为企业战略管理是一系列的经营管理业务，在此项业务下，企业根据整体的决策和长期的计划安排日常的业务目标的活动。战略管理理论是管理学中重要的理论分支，在企业实践管理中为企业经营活动和发展方向的界定规则，为企业在不确定的外部环境中寻求发展的方向，战略管理逐渐成为理论学者关注的重要领域，欧美发达国家的学者通过战略管理在企业管理中的实践，归纳总结不同流派的战略管理理论，如表2－2所示。

表2－2　战略管理理论的十大学派分类体系

学派	代表学者	内容
设计学派	安德鲁斯（Andrews）	在制定企业战略过程中，要对企业内外部环境和条件进行SWOT分析，平衡外部机遇和内部能力
计划学派	安索夫（Ansoff）	在计划学派的基础上追求战略决策的正规化、条理化
定位学派	迈克尔·波特（Michael Porter）	企业战略的核心是获取竞争优势，而影响竞争优势的因素主要有企业所处产业的营利能力和企业在产业中的相对竞争地位
企业家学派	弗兰克·奈特、熊彼特、柯林斯、摩尔（Frank Netter，Joseph Alois Schumpeter，Collins，Mole）	战略是存在于企业领导人心中的经验和直觉，既是一种观念，更是一种特殊的、长期的方向感
认知学派	赫伯特·西蒙（Herbert Simon）	战略的形成是发生在战略家心里的认识过程，要了解战略的形成，就要了解人类的心理和大脑
学习学派	查理·林德罗姆（Charlie Lindstrom）	战略的形成是以应急的方式进行的，企业在学习过程中理解和制定战略，文化、政治等因素在战略形成中有重要作用

续表

学派	代表学者	内容
权利学派	麦克米兰、普费弗、萨兰西克（MacMillan，Pfeffer，Salancik）	战略形成受组织内外环境中的权利和利益群体中的政治团体的影响，强调政治在促进战略变化中的重要性
文化学派	艾瑞克·莱恩曼、皮特斯、沃特曼、博格·沃纳菲尔德（Eric Leneman，Peters，Whatman，Borg Wernerfelt）	战略的形成是以组织成员的共同信念和理解为基础的，战略在集体意识中以一种观念的形式存在
环境学派	汉南、福瑞曼（Hannan，Freeman）	战略形成过程的核心是组织所处的外部环境，战略制定者处于被动地位，组织要适应环境并受环境所制约
结构学派	钱德勒、普拉迪普·坎德瓦拉、亨利·明茨伯格（Chandler，Predeep Khandwalla，Henry Mintzberg）	组织是某种稳定的结构，组织的结构转变具有生命周期，战略管理在组织结构转变的过程中起到维持稳定的作用

资料来源：整理自刘国永等编著《预算绩效管理概述》，江苏大学出版社 2014 年版。

十个学派对战略管理关注点不同，有的侧重战略在企业中的表述，有的侧重战略管理制定的过程和执行，但是都具有共同点：一致认为外部环境的变化对组织的生存和发展有重要的影响作用，企业的战略管理能够帮助组织分析内外部环境变化和组织所面临的机遇和挑战，通过制定战略计划、明确一系列目标来实现组织发展目标。

20 世纪 80 年代，经历了第一次石油危机后，西方国家经济出现了高失业率和高通胀率的现象，经济不景气带来的一系列问题迫使政府改革管理，提高行政效率，英美国家兴起的新公共管理运动，推进了战略管理理论在政府部门管理中的运用，公共部门开始运用战略计划为部门工作明确工作任务和目标、组织权限等，提高政府部门行政绩效。随着战略计划在公共部门的广泛应用，学者开始意识到战略执行的重要性，战略管理的理论在公共部门的应用由战略计划阶段向战略管理阶段转变，不仅在组织工作开始时制订战略计划，且根据战略目标制订战略实施方案，根据利益相关者和所需要的资源评价战略选择方案，并实施管理以贯彻战略。

二　战略管理理论与地方高校学科建设财政专项支出绩效评价

战略管理理论在地方高校学科建设财政专项支出绩效评价方面的应用，主要体现在地方高校学科建设的战略目标的设定及绩效目标实现的评价上。高校学科建设财政资金补助基本上是以项目资金的形式体现的，学科建设项目绩效目标的制定是否得当对于学科建设绩效实现起着至关重要的作用。

战略目标是高校学科建设绩效目标设定的依据，战略目标既是高校学科建设活动的出发点和依据，又是高校学科建设活动所要达到的结果。高校学科建设的绩效目标主要为政府或第三方评价机构提供所需要的评价标准，以便客观地监督和衡量绩效，同时也为高校学科建设提供发展的方向。地方高校学科建设的绩效目标应该是与地方社会经济发展战略计划相适应的、具体的、可衡量的、可达到的、以时间为基础的。战略为高校学科建设提供方向和指导，地方高校制定学科建设绩效目标时既要考虑到本校发展战略规划又要以地方社会经济发展战略计划为参考，这样，学科建设产出才具有经济效益和社会效益。

战略管理理论不仅停留在战略计划和目标制定上，在高校学科建设绩效目标明确后，要确保战略目标的实现，这一过程就需要绩效评价工作来监督促进，通过对学科建设的投入、过程、产出和结果的绩效评估，促进高校学科建设绩效的提高，约束其过程和最终的成果向实现绩效目标的方向努力。

第四节　公共财政理论

一　公共财政理论简介

公共财政是在市场经济产生与发展的过程中产生的，1776 年亚当·斯密的《国富论》的出版标志着公共财政理论的诞生，以亚当·斯密为代表的经济学家认为市场可以有效地配置资源，主张自由竞争，反对国家的过多干预，政府在市场经济中充当“守夜人”的角色，斯密对政府职能的界定为国防、司法、公共工程、维护主权四项，政府的财政支出主要为履行以上四项职能，政府是不干预市场经济的。20 世纪 30 年代初，西方国家爆发了经济危机，促使美国罗斯福政府新政和凯恩斯财政理论走向成熟，凯恩斯财政理论提倡国家利用财政杠杆干预经济，主张政府的宏观调控与市场的资源配置相配合，以弥补市场缺陷。但是政府的过多干预、大规模的赤字导致了 20 世纪 70 年代的停滞膨胀，以理性预期学派、货币学派和供给学派为代表的新自由主义继承了亚当·斯密的古典经济理论，提倡减少国家干预、恢复自由经济。20 世纪 90 年代，各国开始重新重视国家对市场经济的干预，注重政府财政收支对经济的影响。从公共财政理论演变的过程来看，主要是沿着市场自由竞争—市场失灵、政府干预—财政介入这样的方向发展的。

公共财政理论认为，政府财政行为是对市场失灵的弥补，市场经济条件下，作为非营利性组织的政府部门不能成为市场的运营主体，参与市场的营利性竞争，但是要在市场失效的领域内提供市场不能自行产生的公共产品。公共财政理论是市场经济的产物，是解决在市场失灵的情况下怎样有效地向社会提供公共产品和公共服务问题而进行的研究。公共财政理论下，财政收支活动同市场资源配置有效结合、实现经济稳定增长、调节收入公平分配，追求财政支出的效率和效益。马斯格雷夫（Musgrave）最早提出公共产品的概念，纯粹的公共产品是指每个人消费此产品不会对其他消费者消费该产品产生影响，具有收益者的非排他性、消费者间非竞争性和使用效益的不可分割性。相对公共产品的概念是私人产品，私人产品具有排他性和竞争性。介于两种产品之间的是准公共产品，如高等学校。

表 2－3　　公共产品、准公共产品和私人产品的特征

	排他性	非排他性
竞争性	私人产品	准公共产品
非竞争性	准公共产品	公共产品

二　公共财政理论与地方高校学科建设财政专项支出绩效评价

公共财政理论是财政支出绩效评价的理论起点，公共财政理论的核心思想是“公共性”，要求政府在市场失灵领域针对公共需求履行政府职能，公开财政活动，接受公众监督。我国高等教育学家潘懋元阐述了教育作为社会系统中的一部分与社会中的政治、经济、文化等其他子系统之间存在的制约与促进的关系，认为“教育的方针、目的、体制、运行机制以及课程设置、方法运用等，与社会发展相适应，就符合规律，否则就违反规律”。[①] 高等教育作为准公共产品，地方政府要有效引导高校学科建设发展方向，地方财政通过本身的财政支出，为政府提供高等教育这一准公共产品提供财力，引导资源流向，实现地方经济社会资源的有效配置，通过财政资源配置引导高校学科建设向地方经济发展需要的方向努力，财政资源与社会资源一样，具有稀缺性，地方政府为高校提供的学科建设专项资金主要来源于税收，而税收是公众为了获得公共产品和服务所付出的代价，因此，高校要有效地利用财政专项资金，达到资金使用效益最大化，而高校学科建设专项资金的使用效益是否最大化，就需要通过绩效评价来判断，公共财政理论强调以市场为资源配置的基础，关注公平、平等理念，这与财政绩效评价所要实现的目标一致，地方高校学科建设财政专项支出绩效评价为地方政府在各高校学科建设中有效配置资源提供依据。

---

① 潘懋元:《教育基本规律及其在高等教育研究与实践中的运用》,《上海高教研究》1997 年第 2 期。

第五节　高等教育大众化理论

一　高等教育大众化理论简介

介绍高等教育大众化理论要从美国的赠地大学说起（Land - grant Universities/Colleges），美国早期是以农业为主的国家，1862 年，为了提高生产力、适应工业革命带来的冲击，美国国会通过了《莫雷尔法案》（*Morrill Acts*），规定联邦政府通过出售土地获得的资产资助州成立开设有关农业和机械工程教育方面专业的高等学校，为美国工农业发展培养专业人才。从此，美国高等教育的体制开始发生转变，摆脱了欧洲传统的教育模式，以培养服务型人才为主，把学术视为人才服务社会的工具，美国高等学校开始由学术研究型向综合化方向发展，高校的课程设置也为适应美国社会、经济、科技发展的需要而进行改革，教学方法也为适应不同层次和不同学科的教学进行改进。赠地学院的成立和规模的迅速扩大，把高等教育与实用技艺结合了起来，使州立高等教育系统形成高校与地方经济共同发展的格局。

在美国高等教育由英才教育向大众教育转变的背景下，加州大学伯克利分校社会学教授马丁·特罗（Martin Trow）从社会学的角度对美国高等教育发展进程开展了研究与考证，提出高等教育大众化，特罗对美国高等教育大众化研究成熟后，把视野推向了欧洲国家高等教育发展前景，经过对欧洲国家高等教育发展规律总结分析发现高等教育大众化是受本国国情影响的，最后总结得出高等教育大众化理论。1962 年，特罗发表文章《美国高等教育民主化》（*The Democratization of Higher Education in America*）首次提出“高等教育大众化”（mass higher education），并在 1973 年经合组织（OECD）举办的国际会议上，宣读《从精英向大众高等教育转变中的问题》，初步形成高等教育大众化理论体系。

特罗对高等教育大众化理论的研究分为三个阶段：第一阶段，提出了划分高等教育发展的“三阶段”论，以高等教育毛入学率来定量划分高等教育发展的三个阶段：精英化阶段、大众化阶段和普及化阶段，如表 2－4 所示。特罗认为高等教育在不同的发展阶段，其教育功能、高校入学条件、学校规模、课程设置、教学形式等方面都不相同。精英化阶段高校入学资格要看学生的身份和天赋，这个阶段的高等教育的主要功能是培养统治阶层的管理人才，高校的教学计划是高度结构化和专门化的，强调专业性和学术性；大众化阶段的高等教育则允许具备一定资格的人进入高校学习，高校的主要功能是传授专业技能，为社会各界培养专业精英，高校的教学计划呈现多样性、课程模块更实用化；普及化高等教育强调的是全民学习的社会，让更多的人适应变化发展的社会，高校课程设置更加灵活和广泛，学习与生活逐渐融合。高等教育大众化理论认为，高等教育由精英化到大众化再到普及化的发展，使高等教育由封闭的象牙塔逐渐融入社会中，与社会经济发展息息相关。第二阶段提出了高等教育发展模式论。通过对欧洲主要国家高等教育发展趋势研究，发现高等教育发展模式因国情不同而广泛多样，影响因素有中等教育的普及程度、经济的发展需求、社会文化的价值取向等。特罗认为，高等教育发展模式不同，其质量考评标准也不应相同，不能以传统的精英高等教育的标准来衡量大众化教育的教学与就业质量。第三阶段修正了早期“三阶段”论，使其具有国际适应性，并提出普及化教育强调的是参与和分享学习的人数，并不是在册入籍的学生人数，学习的形式多样化，可以远程进行学习，因此学习的目的不仅是学位，而是社会实用性。

表 2－4　　高等教育分类

	精英阶段	大众化阶段	普及化阶段
毛入学率	15%以下	15%—50%	50%以上

二　高等教育大众化理论与地方高校学科建设财政专项支出绩效评价

马丁·特罗的高等教育大众化理论的“预警功能”为本书对地方高校学科建设财政专项支出进行绩效评价以及构建绩效评价指标体系提供了理论依据：首先，地方高校学科建设在高等教育大众化进程中的重要性；其次，评价指标体系的构建要考虑到地方高校学科建设产出与地方经济的适应性。

高等教育大众化理论以不同的阶段划分高等教育发展过程，阐述高等教育规模扩张后其内部变化与社会经济间的关系，高等教育的大众化要求高等教育的功能和课程设置等都要发生变化。我国自 21 世纪初高等教育也进入了大众化发展进程，如图 2 -1 和表 2 -5 所示，高校数量不断增加、招生规模不断扩大、高等教育的规模不断扩大，高等教育在 2002 年毛入学率就已经达到 15%，并逐年攀升。

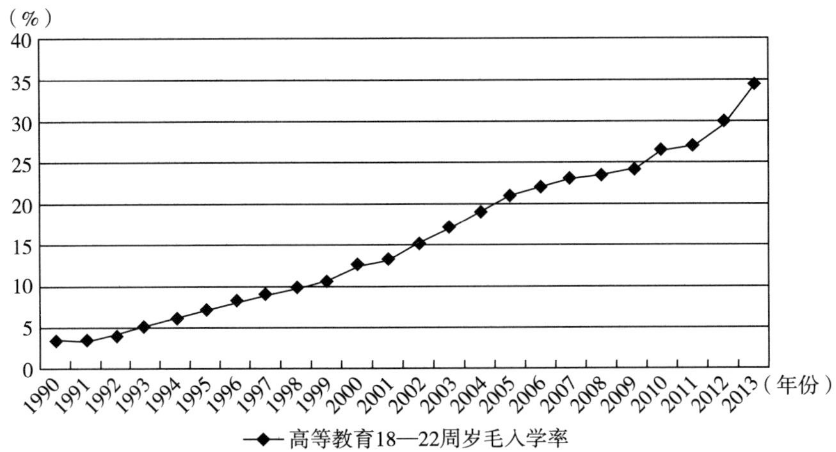

图 2 -1　1990—2013 年我国高等教育毛入学率变化趋势

资料来源：《中国统计年鉴》(1991—2014 年)。

表 2 -5　　1997—2014 年我国高等教育规模变化

年份	普通高等学校数（所）	普通高等学校在校学生数（人）
1997	1020	3174000
1998	1022	3409000
1999	1071	4134000
2000	1041	5560900
2001	1225	7190700
2002	1396	9033600
2003	1552	11086000
2004	1731	13335000
2005	1792	15617767
2006	1867	17388000

续表

年份	普通高等学校数（所）	普通高等学校在校学生数（人）
2007	1908	18848954
2008	2263	20210249
2009	2305	21446570
2010	2358	22317929
2011	2409	23085078
2012	2442	23913155
2013	2491	24680700
2014	2529	25477000

资料来源：《中国统计年鉴》（1998—2015）。

高等学校扩大招生规模后，地方高校是我国高等教育实现大众化的主力军，承担着主要的高等教育任务。依据高等教育大众化理论，在量的变化后（招生规模的扩大），地方高校的教育也要发生质的变化，其课程设置、管理等方面也要进行变革，作为高校发展的核心动力，学科建设引领着高校发展的方向，适应地方经济社会发展的需求。高等教育大众化后高校培养人才的教学目标发生了变化，由原来的精英式教育转变为精英式教育和应用型高级人才教育并存的局面，地方高校的教育成果更多地为地方经济社会发展服务，可以利用自身的地域性的特点，针对地方经济发展需要，调整学科专业设置，培养应用型高级人才，因此，地方高校学科建设在高等教育大众化进程中起着重要作用。

如何有效开展地方高校学科建设，不仅是地方高校办学的应有之义，更需要地方政府通过财政投入有效引导。通过对学科建设财政专项支出进行绩效评价，可以帮助地方高校了解地方经济发展的战略规划，进而明确本校学科建设绩效目标，实现地方高校为地方经济社会发展培养高级应用型人才的目标。对学科建设财政专项支出绩效评价指标设置，要体现地方高校在高等教育大众化中的真实作用，引导其更好地适应地方经济社会发展。

第三章

我国地方高校学科建设财政专项支出及其绩效评价现状分析

第一节 我国地方高校学科建设财政专项支出情况

中华人民共和国成立至今，我国高等教育财政拨款模式经历了三个阶段："基数加发展""综合定额加专项补助""基本支出预算和项目支出预算"。1955—1985 年，我国财政对高校的支出采用"基数加发展"的模式，高校当年所获得的财政拨款额以上一年的教育拨款为基础，并适当考虑当年各种发展与变化的需要计算当年的财政预算拨款总额，其计算公式为：

$$Y = A - B + \sum_{i=1}^{n} C_i X_i$$

其中，Y 为本年高校财政拨款数额，A 为上一年高校获得财政拨款数额，B 为上一年不合理拨款因素或者应剔除因素，C_i 为本年增加项目，X_i 为本年各个增加项目的增长标准。

在这种渐进式的经费拨款模式下，学校的收入是成本的函数。也就是说，学校办学花费的单位成本越高，学校所获得的财政拨款越多，这不利于学校控制成本和有效利用资源。

原国家教委、财政部于1986年颁发了《高等学校财务管理改革实施办法》规定："高校年度教育事业费预算，由主管部门按照不同科类、不同层次学生的需要和学校所在地区的不同情况，结合国家财力的可能，按综合定额加专项补助的办法进行核定。"我国高校财政拨款开始实行"综合定额加专项补助"的拨款模式，并执行"包干使用，超支不补，节余留用"的原则。这个时期的高校财政拨款由综合定额和专项补助两个部分组成，"综合定额"是以定员定额为拨款原理的拨款模式，财政部门和教育主管部门根据高校所在地区不同、学校的层次不同、类型不同划分高校获得拨款的标准，把教职工人员经费、学生奖学金、助学金、行政公务费、业务费、设备购置费、修缮费、差额补助费和其他费用等几个项目加总再分摊到每一个学生头上，形成综合的生均经费，各个学校所获得的财政拨款为学校在校生人数乘以综合的生均拨款定额标准得出。"专项补助"是对"综合定额"的补充，由财政部门和教育主管部门根据国家的政策导向和各个高校的特殊发展需要单独核定下达，主要包括重点学科、本科专业设备补充费、实验室建设经费、长期外国专家经费、离退休人员经费等。

“专项补助”相对灵活地补充了高校发展的需要，使各个高校根据自身特色更好地为经济和社会发展服务。相较于“基数加发展”模式，“综合定额加专项补助”模式更加灵活，它在保障高等教学工作运行基本经费的基础上为高校提供了“专项补助”用于高校自身特殊需要而进行的专门项目建设，赋予高校更大的自主权来使用这部分经费，在透明度和公正性方面都有进步，鼓励学校提高经费使用效益。不过，“综合定额加专项补助”模式仍未解决高校财政支出效率和效益的问题，“综合定额加专项补助”的计算公式为：

$$Y = \sum_{i=1}^{n} A_i X_i + \sum_{i=1}^{n} B_i$$

其中，Y 为本年高校财政拨款数额，A_i 为高校获得财政拨款的各类项目，如各类学生人数、教职工人数、离退休人数、外籍专家人数等，X_i 为各个拨款项目的拨款定额标准，B_i 为各类专项补助。

从公式可以看出，对高校获得财政拨款影响较大的是高校在校生人数，忽略了高校办学过程中的其他参数，如高校资源利用效率参数对高校办学行为的激励作用。高校为了获得更多的拨款盲目扩招，忽视了高校的内涵建设，不利于高校凝练自身特色、提高办学效益。而且高校科研专项经费中科研事业费的拨款依据是专职科研人员的规模，拨付依据不公平且不利于激励高校有效使用科研经费。

从 2002 年开始，财政部对中央部门的预算核定方式改为基本支出预算和项目支出预算。国家财政体制的这项改革从总体上要求“部门的预算外收入全部纳入预算管理或财政专户管理，收支不挂钩，支出要透明”，在党政部门、事业单位开始实施财政集中收付制度，在这种背景下，高等教育财政拨款模式由原来的“综合定额加专项补助”变为“基本支出预算和项目支出预算”。2008 年，财政部、教育部进一步建立了以“生均综合定额 + 专项资金”为主体的中央高校预算拨款制度。基本支出的拨款依据是高校的在校生人数，这部分经费主要用于高校日常运转、完成日常的工作任务。对于本科生的生均拨款，按照教育部划分的 12 大门类学科设置不同档次的学科折算系数，对不同的学科专业生均拨款定额标准不同，对于硕士和博士生的生均综合定额标准设定暂未考虑学科间的区别。项目支出预算是为学校大型修缮和完成特定专业任务而设置的，财政对高校这部分的补助是以财政专项形式体现的，专项资金根据国家经济社会发展战略、高等教育事业发展需要和财力情况相应设立。近年来，专项经费占教育拨款的比例逐年攀升，很多学校的专项拨款占学校拨款总数的大部分，有些省市如北京市、江苏省、广东省等已经开始对高校重点学科设置财政专项补助。目前教育类项目支出预算拨款共分为六大类：重点引导类，改善办学条件类，绩效引导类，学生资助类，其他类，其中，重点引导类用于高校软实力的提高，以学科建设专项形式体现。

近几年，地方各省（市、区）开展高教强省战略，充分发挥高校在地方经济发展中提供创新型人才和先进科学技术的作用，不断要求高等教育质量的提高，加大对高校重点学科建设的财政专项补助，以学科发展带动高校发展进而实现高教强省战略目标。地方政府拨付给高校学科建设财政专项资金主要用途有两个方面：一是用于学科建设硬件方面的建设，如重点实验室建设、数字校园建设等；二是用于学科软件方面的建设，如用于学科队伍建设、高层次人才引进、人才培养等方面的地方高校振兴学者计划、学科带头人引入、学术交流等。地方各省（市、区）不断出台重点学科建设专项资金的管理办法，如表3－1所示。在管理办法中明确要求重点学科建设专项使用方向和范围，并规定不同类型高校和不同类型学科资金配备比例。

表3－1　部分省市重点学科建设财政专项资金使用管理情况

省市名称	管理规定	使用方向
北京市	《普通高等学校北京市重点学科建设管理暂行办法》（京教研〔2003〕11号）	学科队伍建设，人才培养，科学研究，学科及科研条件建设，国际交流与合作
上海市	《上海市教育委员会在重点学科（第五期）建设经费管理办法》（沪教委科〔2008〕27号）	研究基地建设，人才队伍建设，开放基金设立，科学研究，国内外学术交流与合作等
广东省	《广东省高等院校学科建设专项资金管理暂行办法》（粤财教〔2004〕145号）	重点实验室建设，重点学科、品牌专业及省级以上精品课程建设，人文社科基地建设，高水平科研和教学改革项目，科研成果转化项目
陕西省	《陕西省普通高等学校重点学科专项资金管理暂行办法》（陕财办教〔2008〕171号）	学科平台建设，学科带头人的引进和培养，学术团队建设，创新人才培养
江苏省	《江苏高校优势学科建设工程专项资金管理暂行办法》（苏财规〔2008〕37号）	江苏高校重点优势学科建设，创新团队建设，高层次人才培养及科研创新等
浙江省	《浙江省高等学校重点学科建设经费使用暂行规定》（浙教高科〔1997〕177号）	学科建设，平台建设，创新团队建设，人才培养等
湖南省	《湖南省重点学科建设与管理暂行办法》（湘教发〔2007〕31号）	学科条件建设，学术队伍建设，科学研究，国际及省内外学术交流

续表

省市名称	管理规定	使用方向
辽宁省	《辽宁省高等学校重点学科专项资金管理暂行办法》（辽财企〔2006〕654号）	学科带头人引进培养，与学术带头人相匹配的师资队伍建设，研究生培养，学科内的学术交流与国际合作等

资料来源：笔者整理。

第二节　我国地方高校学科建设财政专项支出绩效评价现状

我国高等教育财政专项支出绩效评价工作还处于起步和摸索阶段，不同省（市、区）根据绩效评价工作开展情况和对地方高校办学要求对不同的教育专项进行了绩效评价试点，对于地方高校学科建设财政资金的绩效管理，基本是从地方教育部门开展的学科建设专项经费绩效审计开始的，近几年，随着项目支出绩效评价工作试点和推广，一些省（市、区）开展了对高校学科建设专项支出的绩效评价工作。

2003 年，党的十六届三中全会审议通过了《中共中央关于完善社会主义市场经济体制若干问题的决定》，在推进财政管理体制改革的决定中明确提出“改革预算编制制度，完善预算编制、执行的制衡机制，加强审计监督。建立预算绩效考评体系”的新要求，提出对财政预算进行绩效评价的要求。财政部为促进各级政府部门加强对财政支出的管理、强化使用资金部门的支出责任、提高财政支出的绩效、实现政府为人民服务的目标，“积极探索建立财政资金绩效评价工作体系”，于2003年4月在《文教行政财务管理和经费使用考核办法》的基础上，颁布了《中央级教科文部门项目绩效考评管理试行办法》（财教〔2003〕28号），迈出了我国中央预算绩效评价工作制度化的第一步，同时也正式开始了对教育财政支出的绩效评价。自2003年下半年始，财政部开展了对中央级教科文部门的项目支出的效益评价试点工作，其中包含了中央与地方共建高校专项资金基础实验室等专项项目，财政部在绩效评价报告的范本中详细列出了重点学科建设专项资金绩效评价指标体系，把考评指标分为业务和财务考评指标两大类：业务考评指标从项目目标的确立、项目管理到项目效益方面考虑细分为立项目标完成程度及质量，立项目标的合理性，项目组织管理水平，项目的经济效益和项目的社会效益五项；财务考评指标有资金落实情况，实际支出情况，财务信息质量和财务管理状况等指标。2005年1月，面临反腐败的严峻形势，中共中央发布《建立健全教育、制度、监督并重的惩治和预防腐败体系实施纲要》（以下简称《纲要》），该《纲要》提出：“深化财政、金融和投资体制改革。进一步深化收支两条线管理改革，完善转移支付制度，全面推行部门预算、国库集中收付制度，完善预算法律，加快建立财政资金绩效评价体系，形成财政资金规范、安全、有效运行的机制。”“加强对财政资金运行的监督。健全公共财政体制，规范财政资金分配行为。监督检查部门预算、国库集中收付、政府采购和收支两条线管理的落实情况。完善预算编制、执行的制衡机制。强化部门内部制约机制，加强财政资金管理，提高财政资金使用效益。”该文件站在政府部门和工作人员工作反腐败的角度，明确了对财政资金进行绩效评价的重要性。中国教育科学研究院高等教育研究中心于2009年对72所教育部直属高校开展绩效评价，并发布了《中国高等学校绩效评价报告》，在此次绩效评价中，高等教育研究中心应用了投入产出模型，并在评价中通过典型相关分析、聚类分析方法从初设评价指标中删选出12项投入指标和13项产出指标，根据2006—2008年《教育部直属高校基本情况统计资料汇编》的数据对72所高校的投入与产出进行了绩效评价。

地方各个省市也随着政府部门项目绩效评价的开展，逐渐展开对高等教育财政支出的绩效评价。笔者查阅了我国31个省（市、区）政府财政厅网站，所有的省（市、区）都开展了财政绩效评价工作，并出台了绩效评价工作的相关规定，表3－2对我国地方省（市、区）开展财政绩效评价工作的情况和相关法律法规做了整理。几乎所有的省（市、区）都制定了绩效评价专家管理办法、服务第三方绩效评价实施办法等；各个省（市、区）根据本省经济社会发展要点，对不同的专项资金进行了重点评价；北京、广西、吉林、内蒙古等省（市、区）制定了绩效评价结果应用的管理办法，并对部分项目绩效评价结果进行网上公示；广东、上海、吉林、辽宁、青海等省（市、区）引入第三方评价机构辅助财政厅开展绩效评价工作；广东、江西、四川等省（市、区）分别对教育财政支出的绩效目标确定、绩效评价报告和绩效评价指标等绩效评价工作制定了管理制度。

表3－2　我国各个省（市、区）财政支出绩效评价规章制度

省份	年份	文件名（规章制度/制度法规）（文件编号）
安徽	2013	《安徽省财政厅关于开展2013年省级财政支出项目绩效自评工作的通知》（财监〔2013〕783号）
	2018	安徽省财政厅关于印发《安徽省省级部门预算绩效目标管理暂行办法》的通知（财绩〔2018〕389号）
	2020	安徽省财政厅关于印发《安徽省省对下转移支付资金预算绩效管理暂行办法》的通知（皖财绩〔2020〕1126号）
	2020	安徽省财政厅关于印发《安徽省省级政策和项目事前绩效评估管理暂行办法》的通知（皖财绩〔2020〕666号）
北京	2012	《北京市财政支出绩效评价管理暂行办法》（京财预〔2012〕272号）
	2013	《北京市市级预算部门组织财政项目支出绩效评价规范》（京财绩效〔2013〕2334号）
	2013	《北京市财政局关于开展国有资本经营预算绩效管理和绩效评价试点工作的通知》（京财企〔2013〕2147号）
	2013	北京市财政局关于印发《北京市现代农业生产发展资金绩效评价实施细则》的通知（京财农〔2013〕280号）
	2017	北京市财政局关于印发《北京市市级财政支出绩效评价结果应用暂行办法》的通知（京财绩效〔2017〕2918号）
	2018	北京市财政局　北京市水务局关于印发《北京市水务改革发展资金预算绩效管理暂行办法》的通知（京财农〔2018〕2843号）
	2018	北京市财政局　北京市园林绿化局关于印发《北京市林业改革发展资金预算绩效管理暂行办法》的通知（京财农〔2018〕2851号）
	2019	北京市财政局关于印发《北京市市级政府投资基金绩效评价管理暂行办法》的通知（京财绩效〔2019〕717号）
	2019	北京市财政局　北京市水务局　北京市发展和改革委员会关于印发《北京市中央水库移民扶持基金绩效管理实施细则》的通知（京财农〔2019〕2208号）
	2020	北京市财政局关于印发《北京市项目支出绩效评价管理办法》的通知（京财绩效〔2020〕2146号）

续表

省份	年份	文件名（规章制度/制度法规）（文件编号）
广东	2004	《广东省财政支出绩效评价试行方案》（粤财评〔2004〕1号）
	2008	关于印发《省级财政专项资金竞争性分配绩效管理暂行办法》的通知（粤财评〔2008〕53号）
	2009	关于印发《广东省东西北地区污水处理设施建设专项资金绩效管理暂行办法》的通知（粤财评〔2009〕19号）
	2011	关于印发《广东省省级部门预算项目支出绩效目标管理规程》的通知（粤财评〔2011〕1号）
	2019	关于印发《广东省省级财政预算绩效目标管理办法（试行）》的通知（粤财绩〔2019〕11号）
	2020	《广东省财政厅关于批复下达2020年来粤留学生奖学金绩效目标的通知》（粤财科教〔2020〕86号）
	2020	广东省财政厅关于批复下达2020年教育发展专项资金（推进教育现代化及农村义务教育寄宿制学校建设用途）推进基础教育现代化保障经费绩效目标的通知（粤财科教〔2020〕88号）
	2020	关于印发《土壤污染防治专项资金绩效评价管理暂行办法》的通知（财资环〔2020〕11号）
广西	2011	《关于印发〈广西壮族自治区财政支出绩效评价暂行办法〉的通知》（桂财预〔2011〕124号）
	2013	《关于贯彻实施农村水电增效扩容改造绩效评估暂行办法的通知》（桂财建〔2013〕54号）
	2015	《关于印发广西壮族自治区预算绩效评估结果应用暂行办法的通知》（桂财办〔2015〕34号）
	2015	《关于印发广西城镇保障性安居工程财政资金绩效评估实施细则的通知》（桂财综〔2015〕69号）
	2018	《广西壮族自治区财政厅广西壮族自治区绩效考核领导小组办公室关于印发广西壮族自治区本级财政支出绩效评估结果应用暂行办法的通知》（桂财办〔2018〕89号）
贵州	2009	《贵州省财政支出绩效评价管理办法》（黔府办发〔2009〕150号）
	2014	《贵州省市（州）级财政管理绩效综合评价方案》（黔财省直管〔2014〕75号）

续表

省份	年份	文件名（规章制度/制度法规）（文件编号）
贵州	2014	《贵州省2014年度县级财政管理绩效综合评价方案》（黔财省直管〔2014〕76号）
	2016	《关于印发城市管网专项资金绩效评价暂行办法的通知》（财建〔2016〕52号）
	2019	关于调整《财政专项扶贫资金绩效评价指标评分表》的通知（财农〔2019〕89号）
海南	2013	《海南省财政厅关于印发部门整体支出绩效评价方案的通知》（琼财绩〔2013〕2290号）
	2015	《海南省财政厅关于开展2015年预算绩效管理工作的通知》（琼财绩〔2015〕623号）
	2013	关于印发《海南省现代农业生产发展资金绩效评价暂行办法》的通知（琼财农〔2013〕211号）
	2014	《海南省财政厅关于组织市县开展部门整体支出绩效评价试点工作的通知》（琼财绩〔2014〕1694号）
	2014	《海南省财政厅关于开展2013年度部门整体支出绩效评价的通知》（琼财绩〔2014〕1100号）
	2017	《城镇保障性安居工程财政资金绩效评价办法》（财综〔2017〕6号）
	2017	《海南省财政专项扶贫资金绩效评价办法》（琼财农〔2017〕2002号）
	2019	《关于印发〈困难群众救助补助资金重点绩效评价工作实施方案〉的通知》（财办社〔2019〕7号）
河北	2012	关于印发《河北省省级财政支出绩效评价专家管理办法（试行）》的通知（冀财预〔2012〕61号）
	2015	《河北省财政厅关于开展2017年省级重大科技成果转化工作活动绩效评价的通知》（冀财监〔2018〕49号）
	2017	关于转发《水污染防治专项资金绩效评价办法》的通知（冀财建〔2017〕108号）
	2020	《河北省政府性融资担保、再担保机构绩效评价暂行办法》（冀财金企〔2020〕22号）

续表

省份	年份	文件名（规章制度/制度法规）（文件编号）
河北	2020	关于印发《省属科研机构绩效评价试点补助经费使用方案》的通知（冀财教〔2020〕66号）
	2020	《关于开展2018—2019年度现代农业产业技术体系河北省创新团队建设专项资金绩效评价的通知》（冀财教〔2020〕73号）
河南	2008	《2008年河南省对市县一般性转移支付资金分配办法》（豫财办预〔2008〕158号）
	2013	《河南省财政厅关于印发〈农业技术推广与服务财政补助资金管理办法实施细则〉的通知》（豫财农〔2013〕17号）
	2017	河南省财政厅　河南省扶贫开发办公室关于印发《河南省财政扶贫资金绩效评价办法》的通知（豫财农〔2017〕182号）
湖北	2005	《湖北省省级部门预算项目支出绩效考评管理办法（试行）》（鄂财行资发〔2005〕5号）
	2006	《省财政厅关于加强市县级财政支出绩效评价试点工作的通知》（鄂财函〔2006〕98号）
	2020	湖北省财政厅关于印发《全面实施预算绩效管理系列制度》的通知（鄂财绩发〔2020〕3号）
吉林	2011	《吉林省省级预算绩效评价专家管理暂行办法》（吉财预〔2011〕602号）
	2011	关于印发《吉林省中介机构参与省级预算绩效评价工作暂行办法》的通知（吉财预〔2011〕603号）
	2017	《吉林省财政专项扶贫资金绩效评价办法》（吉财农〔2017〕1032号）
	2017	《吉林省省级预算部门整体支出绩效评价方案》（吉财预〔2017〕3号）
	2020	关于印发《吉林省省级项目支出绩效评价结果应用管理暂行办法》的通知（吉财绩〔2020〕712号）
	2020	关于印发《吉林省产粮（油）大县奖励资金绩效评价暂行办法》的通知（吉财粮〔2020〕604号）
江苏	2009	《关于做好三河三湖及松花江流域水污染防治专项资金项目绩效评价工作的通知》（财建便函〔2009〕60号）

续表

省份	年份	文件名（规章制度/制度法规）（文件编号）
江苏	2010	《江苏省省级财政专项资金管理办法》（省政府第63号令）
	2013	《江苏省预算绩效管理委托第三方评价暂行办法》（苏财规〔2013〕34号）
	2016	关于印发《金融企业绩效评价办法》的通知（财金〔2016〕35号）
	2017	《“江苏省高层次创新创业人才引进计划”专项资金绩效评价试行办法》（苏财行〔2017〕21号）
	2019	关于调整《财政专项扶贫资金绩效评价指标评分表》的通知（财农〔2019〕89号）
江西	2011	《江西省财政支持现代农业生产发展资金绩效评价办法》（赣财农〔2011〕182号）
	2016	江西省人民政府办公厅关于印发《江西省统筹整合财政涉农扶贫资金实施方案》的通知（赣府厅字〔2016〕64号）
	2019	关于反馈《2018年省级工业转型升级专项资金绩效评价情况报告的函》（赣财办〔2019〕87号）
	2019	关于反馈《江西省煤田地质局2018年度部门整体支出绩效评价报告》的函（赣财办〔2019〕77号）
	2019	关于反馈《江西省科学技术厅2018年度部门整体支出绩效评价报告》的函（赣财办〔2019〕62号）
	2019	关于反馈《2018年江西省艰苦边远地区农村中小学教师特殊津贴项目的绩效评价报告》的函（赣财办〔2019〕81号）
辽宁	2012	《省级部门财政支出绩效评价工作规程（试行）》（辽财办预〔2012〕60号）
	2013	《关于做好2012年省级重点项目支出绩效评价工作的通知》（辽财预函〔2013〕30号）
	2015	关于《2014年度全省基层财政管理工作绩效综合评价结果》的通报（辽财基〔2015〕866号）
	2017	关于《2016年辽宁省县级财政管理绩效综合评价结果》的通报（辽财基〔2017〕385号）
	2018	关于《2016年度辽宁省林业补助资金绩效评价整改情况》的报告（辽财农〔2018〕634号）

续表

省份	年份	文件名（规章制度/制度法规）（文件编号）
辽宁	2018	关于做好《2018 年政府购买服务项目执行和绩效评价情况报送工作》的通知（辽财综函〔2018〕134 号）
	2020	关于开展《2019 年农村综合改革重点工作绩效评价》的通知（辽财债管〔2020〕205 号）
内蒙古	2007	《内蒙古自治区本级部门预算支出绩效评价管理暂行办法》（内政办发〔2007〕119 号）
	2012	内蒙古自治区财政厅关于印发《内蒙古自治区　产粮（油）大县奖励资金绩效评价暂行办法》的通知（内财贸〔2012〕1376 号）
	2013	关于开展《草原生态补助奖励资金绩效评价工作》的通知（内农牧草发〔2013〕8 号）
	2016	关于开展《地方科技创新条件服务平台绩效评价》的通知（内科发条字〔2016〕20 号）
	2017	关于《商务部委托第三方机构对我区和林格尔等 8 个示范县开展绩效评价》的通知（内商建字〔2017〕203 号）
	2018	内蒙古自治区财政厅关于《2017 年度财政支持优势特色产业绩效评价情况》的通报（内财农〔2018〕1275 号）
	2018	内蒙古自治区财政厅关于开展《2017 年边境地区转移支付资金使用情况绩效评价》的通知（内财预〔2018〕301 号）
	2018	内蒙古自治区民政厅　财政厅关于印发《2017 年度盟市社会救助工作绩效评价指标和评价标准》的通知（内民政发〔2018〕21 号）
	2019	内蒙古自治区民政厅、财政厅关于《开展困难群众救助绩效评价工作》的通知（内民政发〔2019〕35 号）
	2020	关于开展《2020 年度科技企业孵化器绩效评价工作》的通知（内科发成字〔2020〕5 号）
	2020	关于印发《内蒙古自治区科技企业孵化器绩效评价办法（试行）》的通知（内科发成字〔2020〕3 号）
青海	2011	《青海省人民政府办公厅转发财政厅关于预算管理综合绩效考评四个办法的通知》（青政办〔2011〕150 号）
	2011	《青海省省级预算绩效评价专家管理办法》（青政〔2011〕43 号）
	2014	《青海省财政厅关于印发〈青海省省级预算绩效评价专家管理办法〉的通知》（青财绩字〔2014〕1314 号）

续表

省份	年份	文件名（规章制度/制度法规）（文件编号）
青海	2015	《青海省财政厅关于2014年省对下财政管理综合绩效考评情况的通报》（青财绩字〔2015〕886号）
山东	2011	《山东省省级财政支出绩效评价管理暂行办法》（鲁财预〔2011〕67号）
	2019	《中共山东省委　山东省人民政府关于全面推进预算绩效管理的实施意见》（鲁发〔2019〕2号）
	2019	《山东省省对下转移支付资金预算绩效管理办法〉的通知》（鲁政办字〔2019〕20号）
	2019	《山东省省级预算绩效管理三年行动方案（2019—2021年）》（鲁财绩〔2019〕6号）
	2019	山东省财政厅关于印发《山东省省级政策和项目预算事前绩效评估管理暂行办法》《山东省省级部门单位预算绩效运行监控管理暂行办法》的通知（鲁财绩〔2019〕5号）
	2020	山东省财政厅关于印发《山东省省级政策和项目预算绩效目标管理办法》的通知（鲁财绩〔2020〕6号）
	2020	山东省财政厅关于印发《山东省省级项目支出绩效单位自评工作规程》和《山东省省级项目支出绩效财政评价和部门评价工作规程》的通知（鲁财绩〔2020〕4号）
山西	2013	《山西省人民政府办公厅关于全面推进我省预算绩效管理的指导意见》（晋政办发〔2013〕80号）
	2014	《山西省预算绩效评价管理办法》（晋财资〔2014〕36号）
	2015	《山西省财政厅关于建立省级预算绩效评价中介机构库的通知》（晋财资〔2015〕20号）
	2015	《关于建立省级预算绩效管理（评价）专家库的通知》（晋财办资〔2015〕5号）
	2015	《山西省财政厅省级预算绩效管理（评价）专家库管理暂行办法》（晋财资〔2015〕126号）
	2016	《山西省财政厅关于开展2016年第二批财政支出项目绩效评价工作的通知》（晋财绩〔2016〕7号）

续表

省份	年份	文件名（规章制度/制度法规）（文件编号）
上海	2011	《上海市财政支出绩效评价聘用第三方评价机构管理暂行办法》（沪财绩〔2011〕5号）
	2011	关于印发《上海市财政支出绩效评价聘用评审专家管理暂行办法》的通知（沪财绩〔2011〕6号）
	2019	关于印发《上海市市级财政政策预算绩效管理办法（试行）》的通知（沪财绩〔2019〕20号）
	2019	《中共上海市委　上海市人民政府关于我市全面实施预算绩效管理意见的实施意见》（沪委发〔2019〕12号）
	2019	关于印发《上海市市级预算部门（单位）整体支出绩效管理办法（试行）》的通知（沪财绩〔2019〕19号）
	2020	关于印发《上海市政府性基金预算绩效管理办法（试行）》的通知（沪财绩〔2020〕10号）
	2020	关于印发《上海市财政项目支出预算绩效管理办法（试行）》的通知（沪财绩〔2020〕6号）
四川	2019	四川省财政厅关于印发《四川省省级产业发展投资引导基金绩效评价管理暂行办法的通知》川财规〔2019〕8号
	2020	四川省财政厅　四川省住房和城乡建设厅关于印发《四川省市政领域（污水、垃圾、道路、停车场）PPP项目绩效评价指标指引（试行）》的通知（川财金〔2020〕34号）
	2022	四川省财政厅　四川省教育厅关于印发《四川省非义务教育学校（食堂、宿舍）PPP项目绩效评价指标指引》的通知（川财金〔2020〕18号）
天津	2011	关于印发《天津市〈中央财政林业科技推广示范资金绩效评价暂行办法〉实施细则》的通知（津财农〔2011〕53号）
	2012	《天津市财政支出绩效评价管理办法》（津政办发〔2012〕2号）
	2013	关于印发《天津市现代农业生产发展资金绩效评价实施细则》的通知（津财农〔2013〕36号）
	2015	天津市财政局关于印发《天津市财政项目支出绩效评价共性指标体系》的通知（津财预〔2016〕73号）

续表

省份	年份	文件名（规章制度/制度法规）（文件编号）
天津	2016	市财政局市发展改革委市建委市国土房管局关于印发《天津市城镇保障性安居工程财政资金绩效评价实施细则》的通知（津财综〔2016〕40号）
	2017	天津市财政局关于《拨付2019年中央财政大中型水库移民后期扶持基金》的通知（津财农指〔2019〕30号）
	2019	天津市财政局关于转发《财政部关于印发〈政府性融资担保、再担保机构绩效评价指引〉的通知》的通知（津财金〔2020〕57号）
	2019	天津市财政局关于开展《2019年市级财政支出项目重点绩效评价工作》的通知（津财绩效〔2019〕8号）
	2019	《中共天津市委　天津市人民政府印发〈关于全面推进预算绩效管理的实施方案〉的通知》（津党发〔2019〕25号）
西藏	2017	《西藏自治区财政支出预算绩效评价结果应用管理暂行办法》（藏财预字〔2017〕95）
	2017	《西藏自治区财政厅关于西藏自治区2016年度林业补助资金绩效评价工作情况的报告》（藏财监（专）〔2017〕55号）
	2017	《西藏自治区专项转移支付绩效管理暂行办法》（藏财预字〔2017〕88号）
	2017	《西藏自治区预算绩效专家管理暂行办法》（藏财预字〔2017〕91号）
	2017	《西藏自治区财政支出预算绩效评价管理暂行办法》（藏财预字〔2017〕89号）
	2017	《西藏自治区专项转移支付绩效目标管理暂行办法》（藏财预字〔2017〕90号）
	2017	《西藏自治区财政支出预算绩效评价管理暂行办法》（藏财预字〔2017〕89号）
新疆	2011	《新疆维吾尔自治区财政支出绩效评价管理暂行办法》（新财预〔2011〕307号）
	2014	《新疆维吾尔自治区本级企业国有资本经营预算支出绩效评价暂行办法》新财企〔2014〕60号
	2018	关于印发《自治区财政支出绩效评价结果应用暂行办法》的通知（新财预〔2018〕194号）

续表

省份	年份	文件名（规章制度/制度法规）（文件编号）
新疆	2018	关于印发《自治区财政支出绩效评价管理暂行办法》的通知（新财预〔2018〕189号）
	2018	关于印发《新疆维吾尔自治区财政专项扶贫资金绩效评价办法》的通知（新财扶〔2018〕15号）
	2020	关于印发《土壤污染防治专项资金绩效评价管理暂行办法》的通知（财资环〔2020〕11号）
浙江	2010	关于印发《浙江省财政支出绩效评价档案管理暂行办法》的通知（浙财绩效〔2010〕12号）
	2012	浙江省财政厅关于印发《浙江省农业综合开发项目绩效评价实施办法（试行）》的通知（浙财农发〔2012〕2号）
	2014	《关于浙江省“千村示范万村整治”工程项目（2008—2012年度）绩效评价情况的报告》（浙财农〔2014〕52号）
	2020	浙江省财政厅关于印发《浙江省项目支出绩效评价管理办法》的通知（浙财监督〔2020〕11号）
重庆	2011	《重庆市财政局关于推进财政专项资金绩效评价工作的指导意见》（渝财监督〔2011〕64号）
	2013	《重庆市市级特色效益农业资金绩效评价办法》（暂行）的通知（渝文备〔2013〕284号）
	2015	《重庆市财政局关于推进财政专项资金绩效评价工作的指导意见》（渝文备〔2015〕2325号）
	2020	《专项资金绩效评价办法（试行）》的通知（渝财综〔2020〕57号）
	2020	《重庆市市属公办本科高校财政财务管理绩效拨款资金管理办法（试行）》的通知（渝财教〔2020〕153号）

注：由于篇幅有限，在整理的各省（市、区）文件中，本书只摘抄了部分有代表性的文件或管理办法。

资料来源：我国地方各省（市、区）财政部门网站中的预算绩效管理或预算绩效评价专栏。

地方各省（市、区）在财政支出绩效评价全面试点工作的同时，从项目支出入手，对省（市、区）社会经济发展影响较大的财政专项进行绩效评价，从财务资金管理、高端人才引进、高校内涵建设等不同的方面对财政高等教育支出进行绩效评价探索。

北京市早在2003年就已经开始规范对高校重点学科建设专项经费的管理，北京市教育委员会印发了《普通高等学校北京市重点学科建设管理暂行办法》(京教研〔2003〕11号)，规定高校学科建设经费只能用于学科队伍建设、人才培养、科学研究、学科条件建设和交流于合作，不能截留、挪用或挤占，这个时期的高校学科建设财政专项资金使用的管理采取审计监督的形式。2006年，北京市财政局颁发了《北京市市级部门预算支出绩效考评管理暂行办法》（京财绩效〔2006〕3018号），逐步将部门预算支出绩效考评工作列为北京市政府的一项常规性工作。2007年，为不断推进市属高校预算支出绩效考评工作，北京市教委以市教委、市财政局与中国社会科学院共同研究制定的《市属高校预算支出绩效考评指标体系》为依据，对市属高校全部资金使用效益进行绩效考评，并在绩效评价过程中不断探索完善高校项目绩效考评指标体系。2007年，北京市教委、市财政局颁布了《北京市本级教育项目绩效考评管理办法》（京教财〔2007〕3号），对北京市本级教育项目的实施过程及完成结果进行绩效评价，项目考评内容分为业务考评和财务考评，两者加权得分为综合考评的结果，该办法还对考评的方法、组织实施、结果应用等进行了规范与明确，为北京市属高校教育项目的绩效评价工作提供制度保障。对市属高校部门预算支出绩效评价，北京市教委于2008年对四所不同类型的高校进行了试点工作，2010 年对高校实验室、实训基地建设类项目中 51 项进行了绩效评价，北京市财政局对市属 53 所高校进行了直接项目考评。从评价结果来看，大部分高校能够按照项目立项内容使用财政项目资金，并且在改善实验室、实训基地建设、改革实践教学、建设实验室队伍、教学成果取得、提高对外开放和服务能力等方面取得了较好的资金使用效果。2011 年 12 月 13 日，北京市教委组织召开“市属高校全预算支出绩效考评工作会”，要求各高校将“十一五”时期的教育数据填报至市教委市属高校绩效评价指标体系（测试版）中，进一步完善了北京市属高校预算支出绩效评价指标体系。2013 年 6 月，北京市教委颁布《北京市教育委员会所属预算单位预算绩效管理办法》（京教财〔2013〕13 号），同时废止了京教财〔2007〕3 号文件，对北京市属高校的预算绩效管理工作的预算编制与执行管理、职责分工、绩效评价的分类和基本内容、绩效评价结果应用等方面重新进行了规范。为规范市级预算部门财政支出项目绩效评价，北京市财政局于 2013 年 11 月发布了《北京市市级预算部门组织财政项目支出绩效评价规范》（京财绩效〔2013〕2334 号），界定项目的选择、评价方案、指标体系的编制、资料收集等方面的操作规范。同年 12 月，北京市财政局又制定颁发了《北京市财政支出绩效评价实施细则》（京财绩效〔2013〕2772 号），根据北京市财政支出绩效评价工作的实际情况，对财政支出绩效评价的具体流程和实际操作规范进行了细化规定。2018 年，北京市财政局、北京市教育委员会印发《北京高校“双一流”建设资金管理办法》（京财教育〔2018〕2210 号），规定北京高校“双一流”建设资金的管理要设定专项资金的总体绩效目标，按照有关管理办法组织开展“双一流”建设项目的立项评审、中期评估、绩效跟踪、期末绩效评价，完善准入与退出机制，逐步完善第三方机构评价机制，提高资金使用效益。

湖北省是国内开展财政支出绩效评价工作最早的省份之一。2001 年，恩施州在财政部的指导下对教育、卫生、农业等五个行政事业单位开展绩效评价试点工作，2002 年省财政厅印发了《湖北省财政支出效益评价实施办法（试行)》的通知，把绩效评价试点工作推向全省，要求各市、州、县（区）财政部门结合各地实际，在恩施州试点经验的基础上组织实施开展财政支出效益评价试点工作。2004 年省财政厅成立了绩效评价处，负责对省财政支出的业绩和效益进行考评，并建立了绩效数据库、评价专家库和指标库。2005 年 9 月，省财政厅印发了《湖北省省级部门预算项目支出绩效考评管理办法（试行)》（鄂财行资发〔2005〕5 号)，规定省级公共服务部门与财政厅协商选择本部门内部实施的财政支出项目进行绩效评价试点，通过试点总结经验，逐步有序地建立起绩效考评体系。2006 年，发布《省财政厅关于加强市县级财政支出绩效评价试点工作的通知》（鄂财函〔2006〕98 号)，要求各个县市在部门、项目和支出科目三个层次进行考评试点，这是在全国范围内较早开展市县一级财政预算支出绩效评价试点工作的规范性文件。2012 年 8 月，财政厅印发了《湖北省省级财政项目资金绩效评价实施暂行办法》（鄂财绩发〔2012〕5 号)，明确了财政项目支出绩效评价的对象，主要有省级部门预算资金、省直专项资金和省对下转移支付资金。湖北省从2013年开始把所有预算资金纳入绩效目标管理范围，大力推进预算绩效管理工作，努力实现全省范围全部实施预算绩效管理，湖北省预算正从“投入型”转向“绩效型”，财政厅于2013年和2014年对全省财政系统领导干部，包括各市州县财政局预算绩效管理分局副局长和科长，各省直部门财务处长、专管员和财政厅相关处室的分管处长，进行预算绩效管理培训，并且个别县市根据工作实际要求开展了视频培训，使绩效观念深入人心，让预算资金分配和预算绩效评价的工作人员有深刻的绩效理念做指导。2013年省财政厅对“2012年高校和中职资助”的164772.92万元专项资金开展了绩效评价，考评项目的目标完成、资金管理、项目效益、服务对象满意度等情况及绩效状况。2014年对省400万元调研基金所支持的77项调研课题进行了绩效评价，选取投入—过程—产出—结果模式的绩效评价模式，制定了围绕项目决策与投入、项目管理、项目产出与项目效益四个重要环节设计的反映基金运作全过程的多层次指标体系，组织专家对基金各类绩效指标评价打分，以此为据撰写绩效报告。2016年对武汉科技大学、湖北大学、长江大学等的高等教育事业发展专项进行绩效评价并公示。2019年，湖北省财政厅联合省教育厅出台了《湖北省属高校一流大学和一流学科建设专项资金管理暂行办法》（鄂财教发〔2018〕137号）对采用因素分析法的专项资金使用进行绩效管理。

广东省财政支出绩效评价开展得较早，而且一直走在各个省市的前列，在全国率先对财政资金使用绩效进行第三方独立评价，并公布第三方独立评价报告。根据第三方绩效评价报告公式，广东省财政支出绩效评价的程序基本上采取资金使用单位自评→主管部门评价→全部项目书面评审→抽查部分项目现场评价→综合评价的流程，而且在绩效评价过程中有效应用各种绩效评价分析方法和工具，例如，在2009—2011年广东省民办教育专项资金绩效评价中，采用目标预定与实施效果比较法，将资金立项的绩效目标与其实际所产生的效益进行对比，取得绩效评分，所有数据都录入SPSS分析软件，进行频数、比例等描述统计与相关分析和回归分析，力图在描述绩效信息的基础上探寻绩效的影响因素。基于统计分析方法解决：自评与审计结果的吻合性；自评与审核结果的稳定性；影响审核结果的因素排列；地区、项目、规模等对审核结果的敏感性分析等问题。在高校财政专项资金绩效评价方面也进行了大量的试点，为了规范专项资金管理，提高高等院校学科建设专项资金的使用效益，2004年广东省财政厅印发了《广东省高等院校学科建设专项资金管理暂行办法》（粤财教〔2004〕145号），规定高校学科建设专项资金的使用原则、范围、申请及审批程序和管理监督办法，并对学科建设专项资金实行绩效评价管理，依据绩效评价结果作为下一年度分配专项资金的重要依据。2007年，广东省教育厅、财政厅和人事厅制定了《广东省高等学校人才引进专项资金管理暂行办法》（粤教人〔2007〕219号）对地方高等学校引进在国内外有较大影响力的学科创新团队核心成员、“两院”院士、教育部长江学者、省级以上重点学科、新兴学科、紧缺学科带头人或学术带头人和大中型企业工程技术高层次创新性人才制定了发放方法，规定经费的使用要接受不定期的检查并实施绩效评价，并依据评价结果调整下一次人才引进经费拨付额度。2014 年，省财政厅依据省政府颁布的《广东省人民政府关于推进我省教育“创强争先建高地”的意见》（粤府〔2013〕17 号）等文件精神，加强对地方高等教育的专项资金管理，并开设了地方高等教育财政专项项目——“创新强校工程”，并根据《广东省人民政府关于印发广东省省级财政专项资金管理办法的通知》（粤府〔2013〕125 号），与教育厅共同制定了《广东省高等教育“创新强校工程”专项资金管理办法》（粤财教〔2014〕130 号），对地方高等教育财政专项资金进行绩效管理，对广东省地方高校学科和专业建设、高校的教学质量和教学改革项目、强师工程、地方高校引进高层次人才项目等地方高校财政专项资金采取高校自评和财政厅监督检查和绩效评价相结合的绩效管理，以实现深化高校办学体制机制改革、创新人才培养模式、提高教师队伍质量等绩效目标。2015 年，省财政厅、省教育厅制定了《广东省高水平大学建设专项资金管理办法》（粤财教〔2015〕273 号），对省财政设立安排的 2015—2017 年用于支持高水平大学整体学科建设和高水平重点学科项目建设的 50 亿元专项资金规定了管理办法，实行“绩效优先，目标管理”的管理原则，专项资金实行绩效评价制度，以各高校的预期目标实现情况、体制机制改革创新等政策支持情况、学科建设等为观测点，对被评价地方高校采取期中或年度动态方式的评估，具体评价工作由财政主管部门牵头、交由社会中介评估机构进行，评价结果作为财政对高校进行奖励和惩罚的依据。2018 年，省财政厅、省教育厅制定了《广东省高等教育“冲一流、补短板、强特色”提升计划资金管理办法》，要求使用高等教育“冲一流、补短板、强特色”提升计划资金的高校开展自评价，主管部门、财政厅开展第三方评价，并对在学科建设、人才培养、贡献奖励、服务需求等方面有突出表现或取得突出成果的建设高校，给予专项奖励。2020 年，省财政厅、省教育厅制定了《广东省高等教育“创新强校工程”专项资金管理办法》，对竞争性分配和因素分配相结合的创新高等教育“创新强校工程”专项奖补资金进行绩效管理。

2005 年江苏省财政厅与上海财经大学合作，研制了《高等教育财政支出绩效评价指标体系》，对南京师范大学、扬州大学等 10 所地方高校开展财政支出绩效评价试点工作。随后，为了实现高校内涵建设和特色发展，在 2010 年省政府办公厅发布的《江苏高等教育综合改革试验区建设方案》（苏政发办〔2010〕134 号）中，从高等教育入学率、毕业率、就业率、师资力量、科研成果等方面做了明确的要求，并提出“研究制定考核评价办法，探索建立评估指标体系，对高等教育综合改革试验区建设进展情况进行定期考核评估”。省财政厅和教育厅制定的绩效评价报告范本中所列的评价指标与财政部所设置的中央与地方共建高校专项资金基础实验室项目绩效评价指标基本一致，只是在指标权重上有所不同。2019 年，财政厅、教育厅印发了《江苏省高等教育内涵建设专项资金管理办法的通知》，促进高校内涵式发展，提高江苏省高等教育内涵建设专项资金使用效益。

浙江省于1994年就颁布了《浙江省高等学校重点学科管理试行办法》，每年拨款500万元用于重点学科建设专项，对专项资金要求专款专用，每年学校进行自查总结，省教委在此基础上对学科建设情况进行监督检查。1997年颁布了《浙江省高等学校重点学科建设经费使用暂行规定》（浙教高科〔1997〕177号），严格规定了地方高校投入不同学科的学科建设配套经费的比例，且严格规定学科建设经费使用范围。对于财政专项资金使用绩效的监管，2003年开始探讨财政支出绩效评价工作，2005年成立了绩效评价处，并把绩效评价应用到高等教育促进作用中。2005年，浙江省颁发了《关于认真做好财政支出绩效评价工作的通知》（浙政办发〔2005〕91号）并制定了《浙江省财政支出绩效评价办法（试行）》和《浙江省财政支出绩效评价指标体系》，省内各地财政部门陆续组建绩效评价机构并开展绩效评价试点工作。2005—2008年，浙江省财政厅选择一些省级重点项目，开展项目支出绩效评价，省级各个部门也对自己主管的项目单位的项目资金使用情况开展了内部自评。在高等教育领域，2006年8月浙江省财政厅发布了《关于完善省属高校预算定额制度的通知》（以下简称《通知》），在《通知》中提出“促进高校从规模发展向质量提升”“财政支出逐步从‘投入型’向‘绩效型’转变”的指导思想，同时提出“逐步建立完善的省属高校质量评价体系”实现拨款经费与质量评价相挂钩，促进地方高校教育质量的提升。从2007年开始，浙江省教育厅每年开展高校教学质量评估工作，而浙江省财政厅则安排一定比例的资金，按高校的评估成绩进行分配，依照绩效评价结果给予一定比例的资金奖励实现结果问责，这是财政预算改革最核心和最关键的政策。2007 年，浙江省政府发布《浙江省人民政府关于促进高等教育发展的若干意见》（浙政发〔2007〕29 号），指出全省高等教育要实现内涵发展，提出提高高等教育质量和办学水平的要求和实施办法，并要把公共财政预算一部分教育经费依据教学质量评估成绩、学科建设成效进行划拨，试图“充分运用财政杠杆调控高校办学行为”，并提出“加强学科建设绩效考评，把经费资助与学科建设成效结合起来”。2010 年浙江省财政厅、教育厅颁布了《浙江省提升地方高校办学水平专项资金管理办法（试行）》（浙财教〔2010〕347 号），规定对省市属普通高校和高职高专学校的学科建设专项资金使用范围和绩效管理办法，学科建设专项资金使用绩效的考评分为两项：年度考评由省财政厅组织第三方评价机构对学科建设专项进行项目绩效考评，并依据考评结果分配下一年度的专项资金；申请资格考核每五年一次。

上海市教育委员会于 2008 年颁布了《上海市教育委员会在重点学科（第五期）建设经费管理办法》（沪教委科〔2008〕27 号），规定对重点学科建设实行年度检查、中期评估和终期评估验收的绩效考评管理，以决定学科建设经费的继续投入情况。2009 年颁布了《上海高等教育内涵建设“085”工程实施方案》（沪教委科〔2009〕2 号），提出对实施高等教育内涵建设的综合建设工程、人才培养工程、知识创新工程、师资队伍建设工程和国际交流与合作工程五大工程的项目进行绩效考核，对成效明显的学科和高校给予优先立项和资金奖励，以促进上海高校综合实力的提升，实现高校的教学和科研成果推动社会经济发展。上海市财政局委托第三方评价机构对财政专项资金进行绩效评价，分析项目的主要绩效和存在的主要问题，并提出整改建议，如 2010 年对上海海洋大学专项经费支出 6779 万元进行了绩效评价，考察特色专业的精品课程的建设、教学和科研成果；对 2010 年高校特聘教授（东方学者）岗位计划项目 2500 万元资金进行了绩效评价，评价结果建议进一步完善制度规定，修订和完善了《上海高校特聘教授（东方学者）聘任合同（样本）》并委托市教育评估院对东方学者进行到岗情况评估、中期评估和聘期评估，加强对项目执行情况的管理和监督；2010 年评价了教育国际化重点建设工程——高校学生海外学习实习计划 3500 万元的资金项目，根据绩效评价提出改进措施，并下发《2014 年地方高校内涵建设经常性经费使用指导意见》，对地方高校建设过程中的资金使用进行规范，并对《高校学生海外学习实习项目评价指标体系》进行调整，对高校学生海外学习实习项目的财政资金使用采取年度项目绩效评估和总结，对项目执行情况进行定期抽查；2012 年对上海市重点学科建设计划专项资金 10000 万元使用情况进行了绩效评价，考察观测点为高校人才培养、研究基地和评价建设、学科发展和融合、高校内涵发展及成果转化对社会经济发展的推动作用；对 2011—2012 年度地方高校内涵建设共 35810 万元资金项目进行了第三方绩效评价；随后，上海市教育委员会发布了《上海市教育委员会关于开展十大工程专项资金支持项目（21 所上海地方本科院校）中期绩效评价工作的通知》（沪教委财〔2013〕73 号，以下简称《通知》)，在《通知》中下发了《地方高校内涵建设（分类指导、分类管理改革）中期绩效评价指标体系》，《教师专业发展工程项目绩效评价指标体系》和《上海市“海外名师项目”绩效评价指标体系》，作为高校自评材料的提纲参照。根据沪教委财〔2013〕73号文件，上海市教育委员会组织专家对21所上海地方本科院校的城乡基础教育一体化建设工程、职业教育示范校和能力建设工程、高水平大学和一流学科专业建设工程、高等学校知识服务平台建设工程、教师专业发展工程、教育国际化重点建设工程、教育信息化公共服务平台建设工程、市民终身学习促进工程、学生实践和创新基地建设工程、学生健康促进工程“十大工程”的相关项目专项资金使用情况进行了中期绩效评价，评价对象为2010年、2011年和2012年开展的截至2013年5月31日的“十大工程”中的学科专业建设工程、高校知识服务平台建设工程、高校教师专业发展工程和教育国际化重点建设工程四项工程，了解项目进展情况和资金使用情况，评价项目工程在体制机制、人才培养、科学研究、师资队伍、国际交流、社会服务等方面取得的实际成效，着重考察高校内涵发展情况，其中，2013年6月制定的《上海高校一流学科建设总结表》以统计表格的形式对学科队伍建设、人才培养情况和科学研究情况，经费投入使用情况进行详细数据的统计。上海财政对高等教育专项资金使用的绩效评价做得比较全面，以高校内涵建设为主线，对学校高端人才引进、高质量人才培养、一流学科建设等项目的资金进行绩效评价，且注重高校内涵发展的顶层设计的考察，对学科建设专项资金绩效考评实行年度检查、中期评估和终期评估验收。2019 年对 2017—2018 年上海市市属高校应用型本科试点专业建设经费进行绩效评价，对专项建设任务、实践课程课时数量、双师型人数占比、教师和企业满意度等方面的考察，评估该项专项使用绩效和改进方向。

吉林省财政厅成立了绩效管理办公室，引入第三方评价机构参与林业、药业、社会主义新农村建设等对省内经济发展有重大影响的行业的项目专项资金绩效评价，在指标体系设计的过程中由财政厅绩效评价工作人员协同高校学者、相关领域的专家共同选取绩效评价指标，遵循了财政绩效评价工作的客观、公平、公正原则。省财政厅、教育厅于 2013 年印发了《吉林省高等学校财政专项拨款与财务管理绩效挂钩暂行办法》（吉财教〔2013〕81 号）（后于 2014 年印发《吉林省高等学校财政专项拨款与财务管理绩效挂钩方法（修订）》（吉财教〔2014〕645 号）和《吉林省高等学校财政定额拨款与本科教学工作绩效挂钩暂行办法》（吉财教〔2013〕82 号），在全国率先试行将高校财政专项拨款与学校财务管理绩效挂钩、将财政定额拨款与本科教学工作绩效挂钩。吉财教〔2013〕81 号文件对高校财务管理绩效实行单项评价和综合评价，并安排一定比例的财政专项补助资金作为奖补资金，根据各高校财务管理绩效评价结果，对绩效良好的高校予以奖励，对评价结果不合格的高校予以限期整改（在吉财教〔2014〕645 号文件中对此部分的“激励性原则”改为“奖惩并举原则”），评价指标体系由一般财务管理和专项财务管理 2 个一级指标和 8 个二级指标、42 个三级指标构成（吉财教

〔2014〕645号文件将指标更改为9个二级指标和45个三级指标，并调增了一般财务管理指标的分值权重）；教学工作绩效考核主要考察高校师资队伍建设、教学条件与改善、试验场所与利用、教学建设与改革、学生培养质量、社会评价六方面，对地方重点大学和非重点大学分别进行考察，省财政按照本科高校财政定额拨款总额的一定比例奖补排名前五位的高校，评价指标体系由5个一级指标、15个二级指标构成。2013年3月财政厅印发了《吉林省省属高校学科建设类财政专项补助资金绩效评价暂行办法》（吉财教〔2013〕108号），对地方高校2011年以后的学科建设类财政专项补助资金进行中期检查和验收评价。吉林省财政分别把高校财政专项拨款和财政定额拨款与财务管理绩效和本科教学工作绩效挂钩，把绩效的理念引入了对高校工作中，对高校学科建设类财政专项补助资金项目的管理从项目变更情况、制度管理和资金管理方面进行考核，对项目的绩效从高校学术团队建设、科学研究和人才培养三大方面产出进行考核。

第三节　我国地方高校学科建设财政专项支出绩效评价问题总结

我国财政支出绩效评价工作是从地方财政支出开展绩效评价试点工作的，而且地方高校与地方社会经济发展联系更为紧密，因此，对地方各省（市、区）高校财政专项支出绩效评价工作进行归纳总结，分析地方高等教育尤其是学科建设专项资金投入、使用和管理对地方高校学科建设的引导和促进作用，寻求其评价工作中可能存在的问题和改进之处，可以为本书构建地方高校学科建设专项资金绩效评价体系提供参考。综合各地财政高校绩效评价工作，对其存在的问题总结如下：

（1）各省（市、区）对高校学科建设财政专项资金使用效益评价仍处于试点探索过程，缺乏统一有效的绩效评价体系。从地方各省（市、区）出台的管理办法和工作规范来看，地方政府对高校财政专项资金的使用效益考评的侧重点各有不同，有的省（市、区）从部门预算的角度对高校整体财政支出开展部门预算绩效评价（如北京市），有的省（市、区）从高校财政专项资金角度对高校整体财政资金开展财政专项资金绩效评价（如湖北、广西等大多省份），有的省（市、区）对高校部分财政专项资金进行财政专项资金绩效评价（如广东省学科建设资金、人才引进专项资金、高水平大学建设资金，上海一流学科建设资金、十大工程专项资金等），有的省（市、区）对高校定额拨款与绩效挂钩，对高校教育质量进行绩效评价（如浙江省和吉林省）。从以上总结可以看出，地方财政对高校财政资金的使用已经引入绩效考核的理念，但是侧重的方面不同，大多数省（市、区）把财政高校资金作为整体进行评价，但是财政对高校的资金补助有定额拨款和专项补助不同方式，用统一的评价体系来考核并不能准确地反映高校内涵发展及其对地方社会经济发展的贡献，而对高校财政专项资金评价多数省市选取高校财政专项资金的一部分作为绩效评价对象，如有的省份选取了科研专项资金、有的省份选取了师资队伍建设类专项资金等，不能全面反映高校内涵建设发展的绩效。

（2）评价指标体系的设置缺乏对体现高等教育的异质性的考察。绩效评价指标体系是绩效评价工作的核心内容，指标体系的设计、评价标准的确定决定了评价结果的客观性和真实性。高等教育支出的多样化结果使绩效指标体系设置难度较大，目前，国内没有针对高等教育支出的统一的专门的绩效评价指标体系，财政部门采用的高等教育专项支出绩效评价指标主要是定性指标和宏观性的定量指标，如高等教育支出占 GDP 的比重、教师总量、教育行政事业性收费总量和结构等，这些指标的数据虽然具有具体性、可得性，但是比较宏观，不能客观全面地反映高校专项资金使用的现实绩效，特别是不能明显反映高等教育财政专项支出的特殊使命和绩效目标，绩效评价结果呈现的是专项项目工作完成和专项资金使用的情况而不是项目资金支出所取得的实际效果。对于高等教育财政专项、高层次人才引入财政专项、学科建设专项资金的评价指标体系的设置遵循国家级财政支出绩效评价指标设置方法原则，在现行的财政支出绩效评价指标框架下做了微调。但是忽略了高等教育在公共部门提供的服务中具有异质性，具有多投入、多产出，且收效周期长、成果难以量化的特点，我国各个省（市、区）对高等教育支出的绩效评价只是列入了与其他部门支出相同的预算绩效评价体系或者专项支出绩效评价体系中。没有对高等教育产出绩效的衡量设置特定的绩效指标体系。而且个性评价指标的设计以某个项目单位确定的具体绩效目标为依据，缺乏同类项目间的可比性，不利于绩效评价结果的应用。高等教育支出绩效多样性，要求绩效评价指标的制定要根据相同性质项目的大量数据资料制定单独的绩效评价指标体系，针对不同的项目进行科学的评价。

评价标准和评价指标一样在评价体系中占有核心的地位。评价标准的确定需要根据评价对象所在行业、地区和项目性质综合大量的数据资料进行确定，但是我国目前高等教育专项支出是近些年推行的，相关绩效指标基础数据比较匮乏，评价标准值的确定存在很大难度，而且高等教育专项支出的社会效益标准难以量化。

（3）评价周期短，无法体现教育收益周期长的特点。所谓“十年育树，百年育人”，教育收效周期长和目前财政专项资金绩效评价周期短之间的矛盾导致高等教育专项资金绩效评价无法全面呈现高等教育专项支出的成效，绩效评价结果难以全面、真实地反映高等教育专项项目的长期绩效情况。目前，只有广东省在2015年颁布的《广东省高水平大学建设专项资金管理办法》（粤财教〔2015〕273号）中提出了动态评价。

（4）评价分数的确定多以专家评分为主，且专家评分所依据的指标体系还欠缺科学的论证与依据。首先，评价指标的权重是由专家的主观判断来赋值的，这个环节容易受到专家的个人经验与常识的影响，缺乏权重设置的科学依据。在各省（市、区）公布的第三方绩效评价报告中可以看到，在绩效评价指标体系设计的时候会受到评价机构性质不同影响，如果采用专家评价法，则专家在选择指标和对指标进行权重划分时会依据自身的教育背景、工作环境、观念等进行判断，容易产生主观倾向，造成评价公正性的偏颇；其次，专家对评价项目逐项打分时容易出现主观性判断，如专家会根据项目资金使用主管部门或者具体使用单位的工作情况介绍来打分，对项目的了解仅仅是停留在项目资料的介绍上，而对项目的详细具体情况无法全面了解，因此，会依据个人经验来打分，此外，专家评分的过程还会受个人价值取向和利益驱动等方面的影响。

（5）评价结果应用影响小。根据各个省（市、区）关于学科建设专项资金管理办法规定，对于学科建设专项资金绩效评价结果，只是作为下一年度专项立项审批的依据，并没有对项目负责人绩效问责，也没有项目绩效好坏的具体奖惩措施。

第四章

国外实践与借鉴

学科建设这个词汇是我国高等教育中的专有名词，在外文中没有相对应的词汇，国外高等教育的研究很少把学科建设单独划分出来，这主要是因为国情的不同。国外高校建立之初就是崇尚知识和学术自由的，而且国外的高校大多数都是自负盈亏的，其来自政府的财政拨款占高校经费较少部分，相对来说，我国政府对高等教育支持比较大，一方面由于我国经济是从计划经济体制发展过来的，教育工作一直是在国家办教育的理念下进行的，因此，高校的教学和科研之前是由国家计划；另一方面，我国改革开放后经济比较落后，社会民众很少有能力自己承担高等教育费用，需要国家来支持，这就导致高校的行政化。而随着市场经济发展变革，一方面是政府转变职能的要求，另一方面是加强高等教育对经济变化的适应性，需要高校自主发展，学科建设在我国高校发展中起着更重要的引导作用。我们只是把高校中教学、专业设置、科研等核心且相互关联的内容提炼形成完整的引导高校发展的体系，国外高等教育相关研究分散在不同方面，我们对于国外高校学科建设专项资金绩效评价将从美国、英国和澳大利亚三个国家的高等教育财政绩效评价分析入手，总结各国政府在对高等教育拨款时引入绩效因素的背景和绩效评价模式，并对其进行对比分析，从中探寻各国高校对学科建设资金绩效评价的方式方法，总结我国地方高校学科建设财政专项资金绩效评价的可以借鉴的经验和教训。

第一节 国外高等教育财政支出绩效评价实践

各国都将高等教育置于国家优先发展的战略地位。高等教育在各个国家经济发展和社会进步中起着至关重要的作用，各个国家通过各种方式改革对教育的投入，企图强化教育并试图发挥教育对经济和社会的引导作用，并加强教育投入资金的监管，以监管促进教育的提升。

一 澳大利亚高等教育财政支出绩效评价实践

1. 澳大利亚高等教育财政实施绩效评价的背景

澳大利亚的高等教育管理体制与其他国家不同，因为原是英属殖民地，澳大利亚大学的诞生早于国家，是大学的发展变化带动着国家的发展和进步，而且，由于教育体制的变革和全球经济发展的影响，导致澳大利亚的绩效管理最早产生于教育领域。澳大利亚的高等教育体制自 1901 年国家诞生之后经历了四个阶段的变革，第一阶段是从 1901 年澳大利亚成为独立的联邦国家到 1964 年，大学作为国家民族文化的塑造者，高等教育在这个时期是具有完全公共利益性质的，因此，高校的资金来源于政府，而且是以地方州政府为主。第二阶段是以 1965 年依据《马丁报告》成立的一系列高级教育学院（College of Advanced Education，CAE）为标志，这个阶段持续到 20 世纪 80 年代后期，高等教育体制开始体现为双轨制：一种是接受澳洲大学委员会（Australian Universities Commission，AUC）拨款的大学，另一种是由澳洲高等教育委员会（Australian Commission on Advanced Education，ACAE）拨款支持的高等教育学院，这个时期，高等教育经费的主要提供者变为联邦政府，财政高等教育拨款主要以经常性拨款、基建拨款和其他一些临时性拨款形式存在，根据学校的类别进行平均分配。第三阶段是 20 世纪 80 年代中后期，受澳大利亚经济压力及西方新公共管理运动影响，联邦政府开始改革整个公共部门的管理方式，教育部长约翰·道金森（J. Dawkins）把新公共管理理念引入高等教育领域，1988 年 7 月，道金森发表了高等教育白皮书《高等教育：一份政策声明》（*Higher Education*：*A Policy Statement*），提出高等教育应该具备适应市场转变满足社会需求，并有助于经济提升的能力，这个时期道金森把高等教育体制由双轨制转变为一体化，要求在校生人数少于 2000 人的高等教育机构与规模较大的高校合并，联邦政府通过新的联邦高等教育委员会（Commonwealth Tertiary Education Commission，CTEA）对符合要求的高校进行拨款，道金森在联邦对高校财政拨款中引入竞争机制：首先，只有进入一体化的高校才能获得财政拨款。其次，联邦对高校的拨款是科研拨款，不再增加经常性拨款，而且根据各个高校的教育和科研绩效情况进行拨款。同时期的《高等教育拨款法案》确定了政府对高校的直接调控，高等教育双轨制向一元制的转变统一了高等教育体系，政府直接对高等教育尤其是科研进行绩效拨款，集中有限的资源资助高水平的高校为国家战略发展服务，确保高等教育和整体社会以及经济目标的一致性。直到这个阶段，澳大利亚高等教育办学的主要经费来源于联邦政府财政支持。第四阶段，以 2003 年尼尔森发表的《我们的大学：支撑澳大利亚的未来》（*Our Universities: Backing Australia's Future*）为标志，进入尼尔森时期，同年 12 月通过了《高等教育支持法案》（*Higher Education Support Act*，HESA），主张有质量、多样化、可持续、公平的改革思想，依据高校自身教学特点区分教学型和科研型大学进行拨款，要求各高校根据自身的优势和特色进行学科设置，以绩效拨款引导高校培养人才和文化贡献适应国家社会经济发展需要。从这个时期开始，澳大利亚的大学被视为澳大利亚的经济和出口市场的主要贡献者，它们越来越多地被市场驱动，更像是大企业，越来越多地产生自己的收入，并专注于成本和经济状况，现在只有大约 1/3 的资金来自政府，它们的环境已经变得越来越表现为市场导向，政府对大学的教学和科研的财政支持开始以其产出效果为基础和依据。

2. 澳大利亚高等教育财政绩效评价模式

由于大学在澳大利亚经济和社会发展中的重要地位，澳大利亚政府早在 20 世纪 60 年代就关注高等教育质量问题，鼓励高校开展“反思性自我评估”（Critical Self - assessment）监控自身的绩效。20 世纪 80 年代，联邦政府开始关注高校内部效率和效力的提高，开展了对学科的评审，以提高高校的质量和效率并加强高校的外部问责。高等学校拨款主要为两部分，一部分是由经常性拨款和基建拨款组成的“一揽子”拨款，主要用于基本教学和学生贡献计划；另一部分是科研拨款，来源于《高等教育法》所规定的经费和澳大利亚研究理事会（Australian Research Council，ARC）的拨款，科研拨款一部分按照高校产出根据公式分配，另一部分实行竞争性拨款方式，根据高校的科研能力、学术研究成果和博士生的数量进行拨款。其间，联邦政府对高校的财政拨款要求主要基于质量保证，采取的手段是质量评审。1993 年，联邦政府成立了以昆士兰大学校长威尔逊教授为主席的高等教育质量保障委员会（Committee for Quality Assurance in Higher Education，CQAHE），在 1994 年对澳大利亚 36 所大学进行了第一次评估，把 36 所大学分为六个等级，并作为仅次于学生人数的联邦政府拨款的重要依据。1998 年，联邦政府规定高校向政府提交质量保证和改善计划，根据质量改善情况进行财政拨款。2000 年，成立澳大利亚大学质量保证署（Australian Universities Quality Agency，AUQA），对高校的质量进行全面审计，质量保证署对高校的办学使命、办学战略计划、保障教育质量的方式方法和教学科研情况进行考察，并形成年度教育质量报告。2009 年 12 月，澳大利亚政府发布了《高等教育绩效拨款指标框架（征求意见稿）》，规定高校要依据本校未来十年发展规划与政府共同协商制定本校绩效目标，并确定绩效评价指标体系，包含低社会经济地位家庭的学生参与和融入、学生学习体验、学生成就表现、学习成果四个方面。绩效指标选择标准为可得性、严密性、真实性、透明性、及时性、可解释性、与战略规划一致性、全面性等。于 2011 年 12 月颁布经高等教育部门依据《高等教育绩效拨款指标框架（征求意见稿）》反馈意见修改的《绩效拨款指南》，最终确定参与和社会融入、学生学习体验和学习成果的质量三方面的绩效类目，包含来自低社会经济地位群体的学生在本土本科生中的比例、来自未被充分代表群体的学生在本土本科生中的比例、本土本科生的教学满意度、学习体验、对通识技能学习的满意度和本土本科生通识技能的增值程度等指标。

澳大利亚对高校的绩效评价工作由 1992 年设立的高等教育质量保障委员会承担，对高校的保障质量工作进行审核，2000 年成立了澳大利亚高等教育质量保障署（The Australian Universities Quality Agency）对高校的质量进行全面审核。2011 年 7 月，澳大利亚议会通过《2011 年高等教育质量和标准署法案》（*The Tertiary Education Quality and Standards Agency Act* 2011）。随后，澳大利亚高等教育质量和标准署（Tertiary Education Quality and Standards Agency，TEQSA）正式成立，开始制定对高等教育质量评估的标准并进行修订，TEQSA 于 2012 年起开始行使对高等教育的质量评估、监督等职能。

澳大利亚高等教育财政拨款引入绩效指标始于 20 世纪 90 年代，这个时期澳大利亚的高校数量迅速扩张，而高等教育体制正处于上文我们总结的第三阶段向第四阶段转变，即由联邦财政支持向国际化转变，高校的主要资金来源倾向于国际学生学费收入，联邦政府一方面要有效利用有限的联邦财政拨款，另一方面要对社会各界保证高等教育的质量，于1991年由学科评审转变为对整个高校的质量评估，正式引入绩效评价指标对各高校的教学和科研进行绩效评价。早在20世纪90年代早期OECD试图建立高等教育绩效评价指标时，澳大利亚政府已开始进行高等教育绩效评价。有关学者Yorke和Longden设定的绩效评价指标中有十六项被政府采纳使用，它们涉及高等教育的四个领域：教学环境、教学与人才培养、科研与专业服务、参与与社会公平。这些指标中多数是与投入和过程相关的。[①] 澳大利亚政府对绩效指标设置的探索不断进行，开展了大量的绩效指标研究，衡量教学和科研的指标每次都在增加，从41到360不等，并不断调整输出指标以最准确描述评价对象的特征。后期的绩效指标设置对高等教育绩效评价有四个要素：组织的可持续性、教学环境、成果质量和科学研究，涉及高校的教学、科研、教师资源、学生满意度和教学员工满意度等方面，在每个大的要素下有很多子要素，例如教学环境中包含学生规模、师资力量、公平和本土教育。对于高等教育学生和教学方面的产出绩效评价，澳大利亚政府通过发布各种调查问卷来获得绩效评价，如针对毕业生的学生对教师教学和课程学习的调查问卷（Course Experience Questionnaire，CEQ），以及毕业后就业去向和起薪的调查问卷（Graduate Destinations Survey，GDS），针对研究生的科学研究学习体验的年度调查问卷（Graduate Destinations Survey，PREQ），这些调查结果每年由澳大利亚毕业生

① James Guthrie，Ruth Neumann，“Econnomic and Non－financial Performance Indicators in Universities”，Vol.9 Issue 2，2007：231－252，*Public Management Review* ISSN 1471－9037 print/ISSN 1471－9045 online，240.

职业委员会（Graduate Careers Council of Australia，GCCA）进行分析总结并公开发布。

二　美国高等教育财政支出绩效评价实践

1. 美国高等教育财政实施绩效评价的背景

美国高等教育财政绩效评价是伴随着新公共管理运动而产生的财政预算绩效评价而诞生的。美国进行财政预算绩效管理改革首先是因为财政赤字危机的压力，20 世纪 30 年代诞生的凯恩斯的著作《就业、利息和货币通论》强调财政政策在国家干预政策中的重要作用，凯恩斯主义认为经济萧条情况下社会有效需求不足，为了达到有效需求、增加支出有四个来源：私人消费支出、私人资本支出、政府经费支出、政府资本支出，在其中，私人消费支出和政府经费支出属于固定支出，弹性不大，私人资本支出受商业循环周期影响很不稳定，只有政府资本支出能够灵活地填补有效需求不足，因此，扩大财政支出可以有效地增加投资，满足有效需求，而在凯恩斯理论中，财政支出的增加主要依靠税收和发行公债，在经济萧条时期应该降低税收，发行公债成为凯恩斯学派增加财政收入最为推行的方法，为了应对经济萧条，凯恩斯学派主张增加政府财政支出、扩大财政预算赤字，在《就业、利息和货币通论》的影响下，第一次世界大战后的西方国家在经济管理中推行了凯恩斯主义，在战后一段时期，凯恩斯主义帮助了美国经济的增长，缓和了经济危机。但是，财政赤字自此有增无减，20 世纪 70 年代的能源危机和 80 年代里根政府为了解决赤字危机而采取的扩大国防开支的同时缩减税收的政策进一步使得财政赤字居高不下，到 1992 年已经达到 2904

亿元。由于美国的经济不太可能出现突然的高速增长，所以无法通过增加财政收入来解决赤字危机，只有从财政支出管理入手，从而产生了提高财政支出管理和预算管理水平的动因。而且随着民主政治的进程不断推进，公众更加关注政府的工作效率，政府工作面临着在资源越来越有限的情况下如何更有效地使用公共资源提高工作效率的考验，20 世纪 70 年代以来的强调以企业家的精神改革政府，追求效益最大化，减轻政府财政压力、提高政府工作效率和服务水平，从而在预算管理中引入了企业管理的绩效概念。1979 年，美国管理和预算办公室（OMB）制定了《关于行政部门管理的改革和绩效评价工作应用》文件，开始对联邦政府项目进行绩效评价，该文件要求政府优化财政支出的使用效益，对所有行政部门和机构进行项目绩效评价。此时的美国高等教育拨款主要来源于地方州政府，20 世纪六七十年代高等教育拨款方式主要是高校通过招投标竞争方式和州政府签署合同并采取以在招生数为基础的公式拨款方式，此种拨款模式过度注重学生的规模，而忽视了教学质量和毕业生人数。20 世纪 80 年代美国许多地方顺应高等教育由英才教育向大众教育转变的潮流采取了增量拨款法，仍旧缺乏对效率和质量的追求。高等教育拨款方式导致学校体制僵化、新公共管理理念的传播和新公共管理运动的兴起、美国政府强制性财政支出逐年增加、州财政紧缩和高等教育规模逐渐扩大，促使政府更加注重财政支出的绩效管理，对高等教育投入也要求进行绩效管理改革。1993 年，美国国会和行政部门制定了以《政府绩效与结果法案》（*Government Performance and Results Act*，GPRA）为核心的相关法律和管理框架，为加强政府绩效和问责奠定了基础。

2. 美国高等教育财政绩效评价模式

美国高等教育的绩效拨款经历了绩效责任、绩效评估和绩效拨款阶段。由于上文分析的种种原因，导致社会各界开始以绩效的理念关注高校的资源使用情况，高校开始向利益相关者报告绩效责任情况。在绩效责任的鞭策下，州政府开始对高校进行绩效评估，并把评估结果和财政拨款相结合。20 世纪 70 年代，田纳西州在对高等教育拨款中引入了绩效拨款机制，并制定了绩效指标，由州高等教育委员会对所有的公立大学进行绩效评价，在绩效评价中获得满分的高校可获得一定比例的绩效拨款，此后，在美国其他州也相继在州政府对高等教育的拨款中引入了“绩效”的理念，并专门成立了高等教育管理委员会或协调委员会对高等教育的绩效拨款进行管理。此时各个州所设置的绩效指标不完全相同，但基本上都对高等教育的投入、过程、产出和结果四个方面进行了考评，体现了拨款形式由投入导向向过程和产出、结果导向转变。根据政策动力中心的不同，高等教育的绩效评价模式主要体现为内部主导型模式和外部主导型模式。内部主导型绩效评价模式是教育主管部门为了提高高等教育质量而进行的绩效评价，是对自身发展的要求，根据高等教育的教学质量、毕业生对高校的满意度、高校办学的资质、科研经费等维度设置绩效指标，例如田纳西州的 PBF 政策；外部主导型绩效评价模式是社会各界利益相关者对高等教育发展的要求，所设置的绩效指标主要是为了满足外界利益相关者对高等教育绩效的了解，指标设计倾向于毕业率、就业率、学生保持率等方面，这种绩效指标设置方式以南卡罗来纳州的绩效拨款政策为代表。在绩效拨款诞生之初，以高等教育部门自发的内部主导型绩效评价模式为主，20 世纪 90 年代，克林顿政府的绩效管理改革对高校的影响增大，社会各界相关利益群体对高校提出提高学校内部运转效率、提高教学质量的要求，外部主导型绩效评价模式开始占据主流地位，比如 1994 年的佛罗里达州的绩效预算政策、1996 年的南卡罗来纳州的绩效拨款政策、2009 年俄亥俄州和印第安纳州的绩效拨款政策、2010 年的田纳西州的成果拨款政策、伊利诺伊州的绩效拨款政策等。

在对高等教育财政绩效评估中，绩效指标的设置是重中之重，绩效指标的设定需要长时间的筛选、涉及范围广、权重分配要考虑到博弈的均衡点，因此，各个州的绩效评估的绩效指标不尽相同。但是，总体上看，美国高等教育财政绩效评价指标设置体现了外部主导型绩效拨款模式的要求，注重遵循公平和效率的原则，高校外部利益相关者对高校教学质量和科研水平的要求体现了美国社会普遍追求的公民权利要求。高等教育财政绩效评价借鉴的绩效指标从宏观上分为两类：一类是“顾客”需求指标，主要考核学生的学习情况和对学校的满意程度；另一类是“政府”需求指标，主要考核适应政府管理需求和学校学术发展的指标，包括学术计划质量，高校学生毕业率、保持率，高校工作人员和雇主的满意程度，高校的战略计划等。

具体来讲，由于各个州的高校也实行分权制管理，美国高校各个州的绩效指标不同，但大多由投入、过程、产出和结果四项组成，其中，过程指标占多数，其次是产出指标，投入指标较少。以田纳西州和南卡罗来纳州为例，田纳西州对高校进行绩效评价时所设置的评价指标中产出指标占大多数，而且主要是对高校本科教学成果的评估，而忽视了对高校科研和服务社区的能力的考核，指标权重在各绩效指标间分配是不同的，高校间的绩效指标类别也不同，田纳西州按照两年制社区学院与四年制高校分别设置绩效指标；南卡罗来纳州按照高校培养人才的方向不同将州内 33 所公立高校分为四个类型：研究型大学、四年制教学型大学、两年制社区学院和技术学院，南卡罗来纳州比较均衡的分配投入、过程和产出的绩效指标比重，全面评价高校的本科教学、科研能力和服务社区的能力，所有的绩效指标权重相同。两个州绩效评价指标设置虽然不同，但是评价标准基本上都参考全国同类高校的平均标准设定。两个州采用高校绩效评估作为绩效拨款的依据，其使用方法也不相同：田纳西州倾向于对绩效较好的高校的奖励性，设定经常性财政拨款一定比例的奖金奖励给绩效评估结果优秀的高校，而且各个高校之间所获得的奖金不存在竞争性，在绩效拨款政策制定时，高校也能参与到立法机构的政策制定中；南卡罗来纳州应用绩效评估结果削减未达到标准的高校的拨款，只有达到绩效标准的高校才能获得经常性拨款，而且由于州财政拨款总额是固定的，对绩效评估结果好的高校给予奖励就意味着其他高校经常性拨款的降低，因此，南卡罗来那州绩效拨款在高校之间的分配竞争程度较高，绩效拨款政策由州政府部门和立法机构制定。

三　英国高等教育财政支出绩效评价实践

1. 英国高等教育财政实施绩效评价的背景

20 世纪 70 年代，全球性经济衰退和英国内部政府职能扩大和机构膨胀导致政府财政入不敷出，陷入严重的财政危机，此外，由于英国的行政管理模式“以议会主权、部长责任制和政治中立为特征”，所有行政强调以规则为本和过程控制，这种管理模式导致注重投入而忽视产出，资源使用浪费，政府工作过于遵从命令而效率低下，政府机构膨胀和管理失调、工作效率低下又导致了公众信任危机。在财政危机、管理低效率和公众信任危机的压力下，英国政府开展了强调结果、提高政府服务质量的政府行政改革运动，即新公共管理运动，在政府行政运动中，诞生了英国的绩效预算，并形成了系统、科学的绩效考评指标体系。英国的新公共管理运动开始在环境、教育等部门推行，教育和科学部长马克·卡利斯尔将新公共管理运动的思想引入高等教育，制订高等教育收缩计划，努力使高等教育更加具有效率性、经济性。同时，罗宾斯推崇的“所有具备入学能力和资格并希望接受高等教育的青年都应该获得高等教育的机会”，扩大高等教育招生规模，使英国高等教育进入大众化发展阶段，高等教育规模的扩大和英国经济萧条、财政对教育投入资金的减少导致人们对教育质量的关注。1985 年贾特勒委员会提交了《大学效率研究指导委员会报告》（*Report of Steering Committee for the Efficiency Studies in Universities*），建议政府退出对高校的事务性管理，让高校自己制订发展战略和计划，并研制出可行的绩效评价指标对高校进行绩效评价，促进高校的教学和管理更具效率性和效益性。1987 年，白皮书《高等教育：迎接挑战》（*Higher Education：Meeting the Challenge*）提出政府应该关注高等教育的效率，并为高等教育效率指标的制定作了明确说明，着重考察高校的专任教师配备情况、教学成本控制情况、科研经费和科研成果转化情况、资助学生的成果以及学生的教育质量等方面的效率。

2. 英国高等教育财政绩效评价模式

与美国不同的是，英国中央集权制决定英国高等教育财政体制也具有中央集权制特征，英国高校的财政拨款来源于中央政府，地方政府不参与拨款。英国对高校的管理有行政和学术两方面，新公共管理运动后，政府加大了对高校管理的干预，通过独立的拨款机构对高校拨款，1992年英国颁发了《继续和高等教育法案》，把大学基金委员会、多科技术学院和其他学院基金委员会合并成立了高等教育基金委员会，在英格兰、威尔士和苏格兰各设置一个，负责拨付英国高校的教学经费和一部分经常性科研经费。科学研究基金会负责科研项目经费拨付，通过高等教育基金委员会对高校进行竞争性拨款。

英国对于高校学科建设的管理主要采取学科评估的方式，主要包括学科教学评估（QAA）和学科科研评估（RAE）。学科教学评估由1997年成立的独立的半官方高等教育评估机构高等教育质量保证署（Quality Assurance Agency，QAA）进行，确保英格兰高等教育基金会所投入的资金的使用是有价值的，为高等教育提供整体性的教学质量保证。学科教学评估每六年进行一次，通过考察高校的教学目标完成情况和学生学习成果和学校给学生提供的学习机会质量对高校的教学质量和学术情况两个方面进行评估。学科教学评估对高校课程计划，教学、学习和评估，对学生支持与指导，学生的进步与学习成绩，学习资源，质量管理和提高六大方面进行考核。由于教学经费拨款奉行公平的原则，按照学生数量拨款，因此，学科教学评估是保障高校教学质量的行为，不以评估结果为依据进行拨款。英国学科科研评估最初是响应撒切尔政府绩效问责而进行的高校科研经费分配和使用情况的同行评审程序，后来科研评估制度在实践中逐渐对高等教育质量的提升起到了促进作用，进而用来分析国际发展趋势，为未来学科发展提出战略性计划，增强国际竞争力。英国学科科研评估是科研拨款的基础，辅助提高科研资助机构科研经费的配置效率和高校使用科研经费的效率，每四年或者五年组织一次，首次科研评估于 1986 年由大学拨款委员会（UGC）进行评估；根据《1988 年教育改革法》，大学基金委员会（UFC）取代大学拨款委员会（UGC），并于 1989 年对高校进行第二轮科研水平评估；1992 年高等教育基金委员会成立后，英国的科研评估工作开始由英格兰高等教育基金委员会（Higher Education Funding Council For England，HEFCE）、苏格兰高等教育基金委员会（Scottish Higher Education Funding Council，SHEFC）、威尔士高等教育基金委员会（Higher Education Funding Council For Wales，HEFCW）和北爱尔兰教育部（Department Of Education For Education Northern Ireland，DENI）四家高等教育资助机构联合承担。评估机构为拨款单位提供高校科研等级，作为科研经费拨付依据，在科研经费的分配上，拨款额度与研究成果挂钩，高校科研评估等级越高，所获得的科研拨款也越多。科研评估的对象是各高校的学科而不是以整所大学为评估对象，评估对象被称为评估单元（UOA），每个单元中涵盖很多相关学科。

英国高校绩效评价指标基于高校本身发展需求的原则而设置，兼顾社会需求和经济因素。1985 年大学校长委员会发表的《大学效率研究指导委员会报告》中将高校绩效评价指标分为内部指标、外部指标和操作指标三类。1986 年和 1987 年，由英国校长协会和大学拨款委员会员会成立的“绩效指标联合工作组”（Joint CVCP/UGC Working Group on Performance Indicators）先后发表了两份报告：《大学绩效指标：大学校长委员会和大学拨款委员会联合工作组的第一份声明》和《大学绩效指标：大学校长委员会和大学拨款委员会联合工作组的第二份声明》强调了绩效指标在高校管理改革和提高绩效中的重要作用，并编制了《英国大学管理统计和绩效指标体系》，定位高校的战略目标层次为教学、教学辅助、学校管理、科研和后勤五个方面，把绩效指标分为输入指标、过程指标和输出指标三类，这一套指标体系被认为是目前英国高等学校绩效评价指标体系中比较全面的指标体系。绩效指标确立之后，相关绩效信息收集工作由专门的机构进行，1995 年之前这项工作由大学统计档案局承担，1995 年之后由高等教育统计局专门承担这项工作，保障绩效评价信息的可获得性。

第二节　国外高等教育财政支出绩效评价比较分析

高等教育支出绩效评价都有严格的法律规定为依据，绩效评价的流程中都包含明确的绩效目标和教育计划，而且都有独立专门的绩效评价机构。绩效评价指标根据经费来源而异，说明绩效评价工作很在乎外部效益。不同点在于，相较于澳大利亚和英国，美国高等教育支出绩效评价工作是外部性活动，而澳大利亚和英国的高等教育支出绩效评价以内部评价为主，把绩效评价作为教育部门内部的日常管理工作，定期向议会或主管部门上交绩效评价报告，接受外部相关部门和公众的监督。

表 4－1　　国外高等教育财政支出绩效评价对比分析

	背景	经费来源	绩效指标体系	相关法规	主管部门	评价主体
澳大利亚	教育体制变革和全球经济发展，新公共管理运动	联邦政府	全国一致	《高等教育法》《高等教育绩效拨款指标框架（征求意见稿）》《绩效拨款指南》《2011 年高等教育质量和标准署法案》	澳大利亚高等教育质量和标准署	内阁支出委员会、公共服务委员会、财政和管理部、国库部、教育科技培训部、参众两院、审计联合委员会和联邦审计署
美国	政府预算绩效评价，新公共管理运动	以州政府为主	各个州不同	《关于行政部门管理的改革和绩效评价工作应用》《政府绩效与结果法案》	高等教育管理委员会或协调委员会	国会审计署、总统预算与管理办公室和教育部门
英国	政府预算绩效评价，新公共管理运动	中央政府	全国一致	《综合支出评价》《公共服务协议》《大学效率研究指导委员会报告》《高等教育：迎接挑战》《继续和高等教育法案》《英国大学管理统计和绩效指标体系》	高等教育基金委员会	以高校自评为主，接受国家审计办公室、政府财政部门和公众的监督

资料来源：笔者整理。

1. 相同之处

（1）从高校内部的绩效管理转变为外部绩效评估。从西方国家高等教育支出绩效评价研究来看，对高校支出的绩效评价皆起源于高校内部质量管理，起初的绩效评价纯粹是学者的学术行为，单纯为了高校的学术发展，进而由于经济环境和社会环境的变迁，开始注重外部绩效评价，把社会民众和政府部门对高校办学质量的意见反馈纳入绩效考核的范围内，并把评价结果和高校财政拨款相结合，以提高高校的办学效益。西方国家高等教育支出的绩效评价现在发展为政府对高校绩效拨款的重要依据，是促进高校提高责任感的手段。

（2）设立了绩效评价和绩效拨款的中介机构。西方国家高等教育支出绩效评价工作相对来说比较完善，建立了独立于政府与高校之间的中介机构，如澳大利亚的高等教育质量和标准署、美国的高等教育管理委员会和协调委员会和英国的高等教育基金委员会，对高校财政支出进行绩效评价指标设计和评价的实施。而且英国还有专门的高等教育统计局负责绩效信息的收集，保障绩效评价信息的可获得性。中介机构具有双重角色，既能维护高校的利益，作为高校利益诉求的代言人，保证了高校办学的自由，维护了高校追求“大学”的精神，又通过绩效评价进行绩效拨款达到了政府管理控制的目的，而且独立的机构所做的绩效评价保证了评价结果的公正性和拨款的独立性，使高校得以认可和接受。

（3）都构建了科学合理的绩效评价指标体系。各国高等教育绩效拨款的依据是对高等教育进行绩效评估，各国无论从联邦政府还是地方政府层面，都构建了适合本地区的高等教育绩效评估体系，并根据政府对高校的教育要求和地方民众的需求制定了科学合理的绩效评价指标体系。而且指标体系的设计根据各自的国情而不同，澳大利亚和英国因为联邦政府是对高等教育的主要投资者，因此，绩效评价指标体系几乎是全国一致的，美国高等教育财政来源主要来自州政府，各个州办学理念又各不相同，因此，绩效评价指标在各州之间是不相同的。

（4）产生的背景几乎相同。①高等教育支出绩效评价都产生于20世纪七八十年代，由于经济和公共管理运动中产生的财政预算绩效评价理念的影响，对高等教育支出也提出了绩效评价的要求。②高等教育由精英化向大众化转变，而且英国和澳大利亚都经历了二元制到并轨的变化。接受高等教育的人数增长很快，此时的经济导致政府供给能力下降。政府拨款数量下降和接受高等教育人数增长之间的矛盾，导致对高校办学效益提高的需求，有绩效的财政拨款要求油然而生。

2. 不同之处

（1）设置指标的原则不同。美国高等教育绩效指标设置体现了外部主导型绩效拨款模式的要求，注重遵循公平和效率的原则，高校外部利益相关者对高校教学质量和科研水平的要求体现了美国社会普遍追求的公民权利要求。高等教育绩效拨款借鉴的绩效指标从宏观上分为两类，一类是“顾客”需求指标，主要考核学生的学习情况和对学校的满意程度；另一类是“政府”需求指标，主要考核适应政府管理需求和学校学术发展的指标，包括学术计划质量，高校学生毕业率、保持率，高校工作人员和雇主的满意程度，高校的战略计划等。英国高校绩效评价指标基于高校本身发展需求的原则而设置，兼顾社会需求和经济因素。

（2）绩效责任不同。虽然对高校预算的绩效评价引入了利益相关者的因素，强调高校支出对外部利益相关者的绩效责任，但是在不同的利益相关者间，其绩效责任的比重是不同的。如在政府需求和学生满意度之间，美国的绩效指标设置更多地包含学生的学习情况和学生及家长的满意度，而英国的绩效指标更倾向于政府的需求指标如学生的毕业率、保持率、学校的战略绩效目标等。

第三节　国外高等教育财政支出绩效评价经验启示和借鉴

一　绩效评价工作具有战略发展性

从对澳大利亚和英美国家高校预算绩效评价工作的总结研究来看，他们最显著的特征是把绩效评价上升到战略发展的高度进行的：首先，澳大利亚从高校建立之初就明确定义为引领社会经济发展的，因此，高校的财政变革一直围绕着社会发展的需要，其对绩效的要求最早产生于教育领域；其次，英国高校的绩效评价工作从最开始的内部绩效评价转变为外部绩效评价，从单纯的教学和科研的评价、教学质量的评估，发展为考虑利益相关者的外部绩效评价，把高校绩效评价与财政拨款相联系，实现绩效评价对高校发展的导向作用；美国随着社会各界开始以绩效的理念关注高校的资源使用情况，高校预算绩效评价模式由内部主导型绩效评价模式为主转变为外部主导型绩效评价模式为主，开始对外部利益相关者承担绩效责任。

二　评价主体多元化

澳大利亚主要由联邦政府和州政府负责对高校进行质量评估，并拥有大学质量保证署、大学校长委员会等非营利性组织通过绩效评价的方式对大学教育质量进行评估。英国绩效评价组织的主体是各个公共部门，由各部门进行自我评价，财政部对评价进行内部控制：对各部门报送的资料的准确性、目标的达成进行监督，每个部门与财政部签订《公共服务协议》，具体描述所要达成的目标和达成目标的方式，具体的工作结果由部门长官监督，部门内部自我评价，评价方式分为三种：部门内部组织人员进行评价；部门聘请专家协助部门内部人员进行评价；部门把评价工作交给外聘的中介机构进行评价。公共服务和公共支出内阁委员会对各部门进行外部监督，并由国家审计署对预算执行进行外部审计。英国对高校资金使用价值的监控通过学科教学评估和科研评估进行，先后有不同的中介机构对高校进行评价，如半官方的高等教育评估机构高等教育质量保证署，各种拨款委员会和基金委员会等，评价所依据的绩效指标来自英国校长协会和大学拨款委员会成立的“绩效指标联合工作组”编制的《英国大学管理统计和绩效指标体系》，并由专门的机构根据编制的绩效指标收集相关绩效信息，1995 年之前这项工作由大学统计档案局承担，1995 年之后由高等教育统计局专门承担这项工作，保障绩效评价信息的可获得性。美国实施绩效评价的主体有总统预算与管理办公室、联邦政府各部门和国会会计总署。联邦政府各部门对本部门的年度工作进行自我评价，有些政府部门还设立了“计划与评价办公室”，没有设立该机构的政府部门由“政策办公室”进行内部评价，各个部门每年向国会和总统预算与管理办公室递交年度计划，总统预算与管理办公室对年度计划、政策及工作的有效性进行评价，国会委托国会会计总署对联邦政府各部门的工作绩效进行专题评价并对各部门进行年度绩效考评。

在我国，对高等教育的财政绩效拨款部门多是归属于教育部或者教育部门，独立性差，而且没有专门的机构对高校学科建设财政拨款使用情况进行绩效审核。可以借鉴以上国家的经验，在政府教育管理部门之外建立相对独立的中介机构对高校的财政绩效拨款进行项目立项的审核、项目绩效评价、项目实施的监控和监督指导。对于高校学科建设财政支出绩效评价，以高校自评价为基础，充分利用社会第三方中介机构的专业性、独立性的优势进行第三方评价，政府主管部门进行监督指导，可以真正实现政府主管部门对高等教育和地方经济发展相协调的宏观指导作用，同时也保证了绩效评价的客观真实公正性。

三　评价指标的设置具有全面性、稳定性、系统性，且绩效评价指标依据财政资金来源而异

综合看澳大利亚、美国和英国对高校绩效评价指标的设置，具有共同的特点，首先是注重数量和比率类的定量指标，指标的设置尽量使用数字和比率描述高校的活动和成果；其次，指标设置突出人均的概念，尤其对于我国来

说，不同的高校其规模不同，如果采用总量数据描述绩效评价对象，有失公正；指标设置比较全面、系统，指标的设置除了实现对高校教学、科研、管理等方面的考察，还包含了对学生本身的关注的指标，体现了高校学科建设成果和长远目标实现相协调；绩效指标具有连续性和稳定性，稳定的、经常被采用的指标才能表征被评价对象某一方面的发展趋势。我国高校学科建设财政支出的绩效评价指标的建立需要具有本校或者某一教育部门管理范围内各历史时期指标能纵向比较，或者能够通过换算后进行对比，以增强高校学科建设财政支出绩效评价指标体系的稳定性效果。

澳大利亚和英国的高校财政资金主要源于联邦政府或是中央政府，对高校财政资金使用情况的绩效评价指标体系设置是全国统一的，而美国高校财政资金绩效评价指标则不同州有不同的选择倾向，因其财政资金投入主要源于地方州政府。

四　完善的法律保障和政治支持

国外高校无论是学科还是科研绩效评估都建立了比较完善的法律规定体系，如澳大利亚的《高等教育法》《高等教育绩效拨款指标框架（征求意见稿）》《绩效拨款指南》《2011 年高等教育质量和标准署法案》，美国的《关于行政部门管理的改革和绩效评价工作应用》《政府绩效与结果法案》和英国的《大学效率研究指导委员会报告》《高等教育：迎接挑战》《继续和高等教育法案》《英国大学管理统计和绩效指标体系》，我国对高等教育财政绩效评价的法律规定自中央层面 2003 年颁布《中央级教科文部门项目绩效考评管理试行办法》以来，很少有专门的法规对高校财政支出尤其是高校学科建设财政支出做出明确规定，而且在地方层面由于各省（市、区）财政支出绩效评价工作情况的不同，其对高校学科建设的关注程度也不同，目前，只有广东省有明确的学科建设资金的绩效管理规定。财政拨款是高校学科建设资金的重要来源，因此，健全的法律法规为绩效评价指标设计提供标准和选取原则，为绩效评价实施提供法律依据，为绩效评价结果的应用提供激励机制。

五　建立完善的信息数据库

财政专项支出绩效评价的核心内容是绩效评价指标的设置，在设置绩效评价指标时最大的影响因素就是基础数据的真实性和完整性。我们对地方高校学科建设财政专项支出进行绩效评价，就要采集评价高校学科建设涉及的各个环节的数据，我国目前统计年鉴或者公开的政府信息中虽然有高校的数据信息，但是一方面是统计口径不同，另一方面大多数核心指标的数据是非公开的，数据的不可得，使得指标体系设计得就不够完善，评价结果公信力自然就不高。所以，需要相关主管部门协调各高校填写绩效评价信息，完善信息数据库，而且，对于衡量地方高校学科建设的定性指标的数据采集可以借鉴澳大利亚的做法，开发全省统一的调查问卷，不仅保证收集上来的数据的质量，而且也实现了不同高校间数据的可比性。

六　绩效评价工作遵循循序渐进发展过程

从国外成功的高等教育财政绩效评价工作来看，都是选择了从易到难、从重点到一般的循序渐进的发展过程。国外高校财政拨款也是从以在校生人数为依据向引入绩效因素转变，因此，对高校财政绩效评价工作也是在财政支出绩效评价工作开展中逐步完善起来，并且从政府关注高校职能部门入手，如澳大利亚和英国政府从科研经费的绩效使用情况入手开展绩效评价工作，美国州政府对教学型大学评价侧重教学绩效，对研究型大学则侧重科研绩效。绩效评价工作本身就是从小到大逐步完善的过程，指标设置也是不断完善的过程，绩效指标的选取由最初的十几个逐渐完善到教育产出的各个领域。我国财政绩效评价工作开展得较晚，且高等教育财政专项绩效评价工作刚刚起步，应借鉴国外循序渐进的方法，从点到面，逐步探索，高等教育财政专项中的核心领域开展绩效评价试点工作，逐步推广。

此外，澳大利亚于 1994 年和 1995 年对 36 所大学的绩效评价的失败中，也存在值得我们借鉴的地方：首先，绩效评价的标准不全面，高校的首要职能是培养高级专门人才和科学研究，澳大利亚的评估标准主要是对课程设置、编写教材、教学方法等教学过程的考察，毕业生的就业率和升学率以及教师队伍的科研能力并没有在澳大利亚评估委员会的评价标准中。其次，评价的调查不够充分，不同高校其办学规模和学科设置不尽相同，对高校教学和科研进行绩效评价需要翔实的数据和大量的调查，在短期内连续两次的绩效评价工作自然会导致评价准备和调查工作不够充分。最后，根据绩效评价的排名并没有达到预期目的，对高校评估分级是要通过公示和绩效拨款的方式鼓励大学提高教学和科研的水平，但是排名靠后的大学遭到了经费削减，不利于高校在有限的经费拨款下改进办学质量。

第五章

地方高校学科建设财政专项支出绩效评价体系构建

第一节　基本理念

一　以战略目标为导向的理念

管理大师彼得·德鲁克曾经说过："非营利性组织的驱动因素不是利润而是其使命的引导和凝聚，非营利性组织的绩效评价的标准主要是其对使命的完成程度。"因此，在对高校学科建设财政专项支出进行绩效评价时，我们可以以战略导向的理念为引导，依据其使命，例如地方高校服务地方社会经济发展的职能，制定高校学科建设的目标，并采取一定的方法把战略目标分解成高校学科建设的各项活动并将其各项产出量化为数值。战略管理是组织管理者保持和协调组织内部与外部环境的过程，对组织的目标、竞争优势或劣势和外部机遇和压力进行全方位的评价，以追求组织绩效评价的系统化和组织长期稳定发展。把战略导向引入高校学科建设支出绩效评价中，主要因为高校通过学科建设不仅仅提高高等教育质量，而且通过高校教育质量的提高使高校为社会提供服务的水平也随之提高，因此，在战略理念的引导下，高校系统分析影响学科建设绩效的内外部因素，对自身的优势和劣势进行全面分析的基础上，并结合当前以及未来发展存在的机遇和挑战，明确高校的使命和愿景，从宏观的、战略的高度，制定高校长期稳定发展的战略目标，把影响高校学科建设支出绩效的因素作为支点，对整个学科建设财政专项支出的结果进行综合性评价。绩效目标的制定是核心战略，绩效指标的设置以及相关的激励机制都是围绕部门绩效目标而设置的，高校学科建设财政专项支出的绩效目标就是要确保财政专项资金使用的经济性、效率性、效益性，从战略的高度制定绩效目标，通过绩效评价保证目标的实现，并把绩效目标分解为学科建设各项具体活动的指标进行量化的衡量。

二　以结果为导向的理念

学科建设涉及学科方向、学科队伍、基地建设、科研平台等高校办学活动的各个方面，即使是相同的学科在不同的高校，会受其所在高校的办学特色和学科群不同所影响，因此，学科建设的方式方法也会不同，但是学科建设的结果——服务地方经济社会发展是相同的。结果导向理念在地方高校学科建设财政专项支出绩效评价中的体现为：对地方高校学科建设的结果而不是以财政投入和产出作为判断高校学科建设财政支出的绩效标准，分析提炼地方高校学科建设预达到的结果，并从不同维度对结果进行全面的描述，以结果指标衡量地方高校学科建设的功能实现程度。

三　以顾客为导向的理念

新公共管理借鉴私营企业的管理方法转变政府工作理念，提倡以顾客为导向的经营理念，根据“顾客”需求提供公共服务，避免了无效的政府工作以及财政资源的浪费。顾客也成为公共服务提供者的利益相关者，地方高校的“顾客”是学校培养的学生和用人单位，其中，学生既是高校提供给用人单位和社会的产品又是高校教学服务的顾客，学生为直接顾客，地方高校学科建设通过教学科研活动教授学生专业知识，尤其是培养研究生，使其具备高深专业知识和专业技能；用人单位和社会为间接顾客，高校通过培养具备专业技能的人才为用人单位积累人力资本，并通过人力资本水平的提高和科技水平的提高促进社会发展。这就要求对地方高校学科建设绩效评价的主体的多元化，并且体现在绩效指标的选择上为：要根据高校的职能来设计主要的业绩指标；通过师生满意度，用人单位满意度，就业率等指标来评价高校提供的公共服务的效果；根据用人单位和学生的需求来设计业绩指标，与之无关的冗余服务不列入指标范围内。

四　委托代理理念

在委托代理理念中，委托人出于专业技能或其他方面的原因，把事务委托给专门从事该事物的受托人，并建立监督机制规避委托代理关系中容易出现的“逆向选择”和“道德风险”问题。由于高等教育具有外部性效应，因此，在我国，高等教育更多的是由政府来提供，在公共管理领域中，政府成为人民的受托人，而对于高等教育服务的提供，政府与教育管理部门和高校间又形成了委托代理关系，政府又作为委托人，高校学科建设财政专项资金是委托费用，高校按照“谁出钱，谁负责”的原则对高校学科建设结果负责。依据委托代理理念，在高校学科建设专项资金使用绩效评价中的评价对象为学科建设活动使用的资金情况，因此，地方高校学科建设财政专项支出绩效评价是对学科建设活动中人才培养、学科队伍建设、科学研究、学术交流、平台建设等方面的财政资金的使用所产生的经济效益和社会效益进行考评。

五　以内涵式发展为导向的理念

以内涵式发展为导向，对地方高校学科建设财政专项支出的绩效评价就要求地方高校学科建设要以区域经济社会发展需要为创新发展的方向；要求地方高校树立科学的质量观，突出服务地方的特色，在学科设置方面，以优势学科为主，融合发展交叉学科、建设与优势学科相匹配的学科群，提升学科建设的质量，以地方经济社会发展的需要引导本校优势学科和学科群的建设，要重点突出、特色鲜明；要求高校在学科建设中培养出本校专业特有的高级专业技能人才；要求高校通过学科建设活动量的增加实现学科建设质的飞跃，实现产学研相结合为地方经济社会服务。

第二节　评价原则的确定

20 世纪 80 年代，西方国家在绩效评价实践中总结出绩效评价应遵循的“3E”原则，即经济性（Economy）、效率性（Efficiency）和有效性（Effectiveness），政府对绩效评价对象考评时，参考这三个原则对财政资金使用效益进行考评。经济性要求财政支出过程中要尽量达到资源消耗最小化的程度，避免财政资源的浪费，节约财政资金；效率性主要是对财政投入和产出之间进行对比，政府财政资金使用效果尽量以最少的投入获得最大的产出；有效性是考察财政支出最终结果是否达到预期的政策目标。随着经济的发展，人们对财富的公平分配和自然生态环境的可持续关注逐渐增加，对财政支出项目的生态性和公平性提出新的要求，有学者在“3E”原则的基础上提出了“5E”原则，增加了生态性（Ecology）和公平性（Equity）两项原则，对财政支出所产生的社会公平效果和对生态环境影响情况进行考评。地方高校学科建设专项支出隶属于财政支出，具有公共财政的属性，高校对学科建设财政资金使用情况，也要注意资金是否达到经济性、效率性和有效性，即学科建设财政资金投入是否遵循经济性原则、投入和产出间是否达到高效率、产出所产生的影响是否实现了经济效益和社会效益，因此，对地方高校学科建设财政支出绩效评价应遵循“3E”原则。由于学科建设相对于本科教学来说较倾向于科学研究，且学科建设项目多为服务地方经济而建立，因此，对其生态性和公平性的考察并不明显，但我们可以借鉴其理念，提出可持续性（Sustainability）的原则，因为地方高校学科建设要不断寻找本校的学科特色，通过科学研究实现其从一个阶段向另一个阶段前进，并寻找具有时代性、持续性和不稳定性的生长点，追踪学科发展前沿，以不断适应地方社会经济发展需要，所以，对地方学科建设财政专项支出绩效评价还应该遵循可持续性原则，考察其资金使用是否实现该学科建设协同地方经济社会的可持续发展。

第三节　评价标准的确定

地方高校学科建设财政专项支出绩效评价标准是以各高校学科建设的基本信息为基础，可以利用数理统计的原理进行分析测算，根据测算结果，结合实际情况，制定出地方高校学科建设绩效应达到的标准。地方高校学科建设财政专项支出绩效评价标准和评价指标一样构成了绩效评价指标体系的重要组成部分，绩效评价标准是高校学科建设支出绩效评价工作的基本准绳和标尺，它直接决定了高校学科建设绩效目标是否实现以及结果是否公平准确。由于高校学科建设支出绩效评价标准和绩效评价指标体系是相匹配的，学科建设支出绩效评价指标体系是全面的、科学的、立体性的、多层次的，相应地，绩效评价标准体系也要充分包含现有工作中的各类标准和层次，高校学科建设支出绩效评价标准分为定量标准和定性标准，这些标准根据取值的基础不同划分为计划标准、行业标准、历史标准和经验标准四种类型。地方高校学科建设支出绩效评价标准的制定要综合运用这些标准。

计划标准是依据地方高校学科建设的战略目标和制定的绩效目标和实施计划等预先设定好的数据作为评价地方高校学科建设财政支出绩效的标注。通过将实际完成数值与预定的数据进行对比，看是否实现计划的目标，发现差距并找到存在的问题。计划标准要求计划的数值准确合理，能够真实地衡量学科建设项目支出的绩效水平。计划标准具有较强的计划性，通常是在财政支出之前就已经制定好的，而且具有一定的前瞻性和不确定性。在地方高校学科建设财政专项支出绩效评价中的计划标准，可以根据地方省政府颁布的《教育改革和发展规划纲要》《财政专项支出绩效管理办法》以及高教强省战略计划等制定地方高校学科建设的绩效目标以作为绩效评价标准。

行业标准是以地方高校同一学科的相关指标的数据作为样本，使用数理统计方法计算和制定出来地方高校学科建设应达到的标准，它适用于单位支出绩效评估和项目支出绩效评估。采用行业标准的前提条件是必须有一个完善的行业资料数据库作为支撑，对于地方高校学科建设效益的考察标准应该对一段时期内地方政府对同级别高校学科建设或者不同学校中相同学科的建设财政支持的产出效果进行数理统计分析方法计算，得出的标准，我国尚未建立完善的行业资料数据库，因此，地方高校学科建设支出绩效评价标准需要建立和完善的数据资料库。

历史标准是根据本省（市、区）学科建设绩效评价指标以前年份的数据，可以是上一年份或者是同期的学科建设相关指标数据，也可以是历史上该指标的最好数据，运用一定的统计学方法计算出的各类指标的平均历史水平。历史标准的客观性较强。运用历史标准的前提是，假设现在所评价的对象所处的环境与历史标准所处的环境大体相同，采用历史标准要求评价对象所处的环境具有稳定性，在与历史标准进行对比分析时，要充分考虑到一些不可比的因素，例如价格变动、数据统计口径不一致和核算方法改变所导致的因素，确保人们在使用历史标准进行绩效评价时得到一个客观的评价结果。

经验标准是在行业标准数据缺失时，由绩效评价工作经验丰富的专家或者长期从事绩效评价工作的相关人员根据高校学科建设活动的发展规律和实际情况，经过严密的分析论证制定的标准。因此，对地方高校学科建设财政支出绩效评价，需要借鉴财政部门、教育部门和高校学科建设方面的专家的经验，由于地方高校提供的公共服务具有区域性的特点，对其进行评价的经验标准有可能只适用于某个省市。

对于地方高校学科建设支出绩效评价体系的每一层次的标准，都应该有相应的标准值。标准值的确定，应该根据地方高校学科建设的年度预算数据、国家和地方相关部门颁布的行业标准，以及国内外实践中的一些公认标准确定，并要考虑到测算样本选取的经济性、规模性和广泛性，通常是一个数值范围。如果被评价对象绩效数值低于绩效标准下限，则表示项目支出绩效不佳，需要进一步改进；如果被评价对象的绩效数值在标准值范围内，则表示绩效目标达成；如果被评价对象绩效超过了标准值上限，则表示该项目支出超额完成既定目标，绩效卓越。

第四节　评价机制的构建

一　制度机制

为了使地方高校学科建设财政专项资金绩效评价长期

稳定地发挥作用，必须通过地方政府建立学科建设绩效考评管理办法，明确规范绩效评价的组织与管理、绩效评价的对象与内容、评价指标体系、评价程序和方法、评价结果的运用。

（1）评价组织与管理。建立以财政部门为主导并进行监管的多元绩效评价主体；协调各高校如实填写绩效评价指标体系，以不断完善健全绩效评价指标体系；财政部门和教育主管部门应该根据绩效评价结果调整项目立项和资金补助。

（2）评价指标体系。建立统一、专门的学科建设财政专项资金绩效评价指标体系。如前文分析，学科建设产出的效果具有时滞性和异质性，指标体系的设计要注意学科建设收效周期长、结果定性指标多等特点。

（3）评价程序和方法。评价程序采取各高校自评并递交自评报告——相关主管部门组织专家查阅评价报告并进行现场抽查评价——出具评价结果并根据结果进行奖优惩劣。根据高校学科建设支出绩效评价的理论与实践，筛选出最有效的方法，构成一系列方法集，组建绩效评价方法库，并在评价实践中不断检验评价方法，改进评价方法，充实评价方法库和评价案例库。

（4）评价结果运用。对于各高校学科建设财政专项资金绩效评价结果要及时公示并对各高校评价得分进行排名，排名靠前的学校可以给予专项补助资金中一定比例的补助作为绩效奖励，对于绩效评价结果不合格的专项给予限期整改，不合格者取消立项并从其他财政资金中扣除已下达的专项资金。

二 组织机制

1. 评价主体

绩效评价的主体就是绩效评价工作的具体组织、实施和参与者，评价主体对评价指标体系和评价方法运用有着重要的影响，所以评价主体的选择直接关系着评价结果的公信度，开展绩效评价的前提要定位明确的绩效评价主体。依据财政部于2011年印发的《财政支出绩效评价管理暂行办法》（财预〔2011〕285号）规定，财政预算支出绩效评价的主体为“各级财政部门和各预算部门（单位）”，因此，地方高校学科建设财政专项支出绩效评价的主体为地方财政厅（局）和教育厅（局）及地方高校。基于利益相关者理论，高校学科建设的利益相关者应包含：政府财政和教育部门、高校、学生及家长、社会用人单位及第三方评价机构。在利益相关者理论中，切尔和伍德根据合法性、影响力、紧迫性细分利益相关者为隐性利益相关者、推定利益相关者和完全利益相关者。[①] 为了保证绩效评价过程和结果的科学性和公开公平公正性，社会评价机构和专家也应该作为评价主体的重要补充力量参与其中。在以顾客为导向的服务理念下，地方高校是为社会培养高素质人才并提供科学技术促进社会发展的，是为社会提供服务的，因此，接受高等教育服务的学生及家长、社会用人单位等其他利益相关者也应该成为绩效评价的监督主体。对于高校学科建设专项资金绩效评价主体，本书有如下分类：

（1）组织主体。学科建设财政专项支出绩效直接关系到高校发展前景，进而涉及高校为社会提供的人力资本和

① 刘晓凤：《高等教育支出绩效评价包容性主体探讨》，《教育评论》2014年第6期。

科学技术水平的高低，政府部门对高校的绩效评价具有迫切性、合法性和影响力，是完全利益相关者，因此，政府部门是高校学科建设支出绩效评价的主要主体。地方财政部门作为政府的代表和财政资金的管理者，负责组织监督地方教育管理部门和地方高校开展学科建设专项资金绩效评价，根据需要发布绩效评价管理办法、组织相关部门和专家编制绩效评价指标体系、协调被评价高校填写绩效评价数据。学科建设是高校发展的龙头，学科建设支出的效益直接关系到高校履行服务社会职能的效果，且学科建设是高校建设的重要组成部分，隶属于高校管理范围，因此，高校对学科建设支出绩效有着紧迫性和合法性的要求，高校也属于完全利益相关者。

（2）委托主体。社会评价机构和专家作为第三方评价，接受财政厅或者教育厅的委托对地方高校学科建设财政专项资金进行绩效评价，独立于财政厅和教育厅及各高校存在，一方面能够保证绩效评价结果的公平公正，另一方面，具有专业性的技术，能够使评价结果更具科学性。

（3）监督主体。学生及家长作为高等教育服务的直接对象，学生通过在高校接受高等教育提升自身的学习和工作能力，在劳动力市场上找到高薪工作，提高自身家庭的文化水平和物质生活水平，对学科建设支出绩效有紧迫要求但不具备合法性，影响力不大，是隐性利益相关者。社会用人单位通过高校培养高质量的毕业生提高本单位的劳动生产率，对高校人才培养质量有发言权，并可为高校提供人才培养需求的信息，促进高校提高服务质量，属于高校学科建设支出绩效的潜在利益相关者。学生及家长和社会用人单位开始更多地关注地方高校学科建设财政资金使用效益和产出，成为绩效评价的监督主体。

这些评价主体间应合理配置，以高校自我评价为基础，政府部门为主导，充分发挥第三方评价机构的作用，兼顾学生及家长、用人单位的评价意见，全方位地对高校学科建设财政专项支出绩效进行评价，以争取评价结果的精准度与可信度。

2. 评价对象

评价主体解决“谁来评价”的问题，而评价对象解决“对谁评价”的问题，主体和对象都是绩效评价框架的最重要的构成要素。财政支出绩效评价中评价主体和评价对象确定的基本依据是受托责任关系链，在受托责任关系的链条中，委托人对受托人的绩效进行评价，即评价其责任履行情况。所以，委托人成为政府绩效评价中的评价主体，而受托人为评价对象。依据委托代理理论，地方政府财政为教育部门拨付专项资金，教育部门把专项资金划拨给地方高校，形成了财政部门—教育部门，教育部门—高校的多层评价关系，高校学科建设财政专项补助资金作为高校财政专项资金的一部分，被列为绩效评价对象。地方高校学科建设财政专项资金主要用于高校人才培养、科学研究、师资队伍、学术交流、平台建设等方面建设支出，因此，地方高校学科建设财政专项支出绩效评价对象是财政资金用于以上几方面的支出。

3. 评价目标

地方高校学科建设专项资金绩效评价的目标既要符合适应地方经济社会发展的高校战略发展的需要，又要分解为教学、科研、管理各个具体部分的不同的执行目标。高等教育进入大众化教育阶段后，高校普遍存在着发展速度快和资金缺乏的矛盾，高校办学追求规模大、学科全、趋利等现象，从而容易忽视专业结构的合理化发展和教学质量的提高。依据以战略为导向和以内涵式发展为导向的理念，确定战略规划下的评价目标，以学科建设促进高校优化学科结构并促进优势学科发展，进而提高资金使用效率和效益，有利于实现高校内涵式发展。

4. 评价内容

作为公共财政专项支出绩效评价的一部分，地方高校学科建设财政专项支出绩效评价也要遵循一般绩效评价的原理，强调目标管理原则，考察专项资金投入、使用和产出效果。地方高校学科建设财政专项支出绩效评价包含以下内容：

第一，学科建设绩效目标的制定和实现情况。学科建设绩效目标的制定情况要考察高校学科建设绩效目标的制定是否符合高校发展战略，学科建设绩效目标所体现的学科建设方向是否符合地方经济发展需求。学科建设目标的实现情况，考察在学科专项资金投入后，学科建设活动的产出评估对象是否达到了既定的目标，完成程度如何。

第二，为了实现既定目标，对财政教育专项资金的配置情况。学科建设财政专项资金到位情况和专款专用情况。学科建设活动是否最大限度和适度地利用了教学科研资源。

第三，为了实现既定目标，学科建设活动安排情况。学科建设活动是否为实现学科建设绩效目标而服务，是否符合事物发展的客观规律和学生的学习心理，是否合理利用教育资源并实现其效益性。具体体现在学科团队建设情况、课程设置、教材质量、学科教学和科研平台建设情况等。

三　运行机制

从第四章对国外高校财政支出绩效评价实践总结来看，各国绩效评价流程基本都是制订战略计划—编制绩效计划—实施绩效评价—绩效评价结果应用。如澳大利亚高等教育支出绩效评价的流程是由政府和财政、教育管理部门共同制定教育目标，教育部门根据制定的目标编制本部门的年度绩效计划，并向议会和财政部提交年度公共支出绩效考评报告，最后将评价结果应用到预算管理和政府支出中以提高资金使用效果与效率；美国高等教育支出绩效评价流程是由教育部门编制战略规划，并根据战略规划制订年度绩效计划，年度绩效报告根据计划的执行情况编写并提交给预算管理部门和国会进行考评，考评的结果会作为教育部门下一年的预算安排的依据；英国是以教育技术培训部制定的综合支出计划为依据制定战略报告，并制订相关的绩效技术和效率技术说明，绩效报告的形式有《中期报告》和《秋季绩效报告》汇报计划的完成情况，最后，将评价结果与实际管理工作相结合，为下一年制订计划提供有效的参考。

绩效评价有效实施的前提是完善绩效评价的运行机制，在战略导向和结果导向理念的指导下建立评价规划机制、评价实施机制、结果反馈机制和激励导向机制等。评价规划机制包括根据地方经济发展制定高校的战略规划并制定高校学科建设财政专项支出绩效评价的具体目标、指标体系和评价方法等；评价实施机制包括评价主体、评价时间、数据收集与处理、数据复核等；结果反馈和激励导向机制包括对评价结果的分析与认证，并根据评价结果改善绩效并对相关高校学科建设活动进行激励与导向。

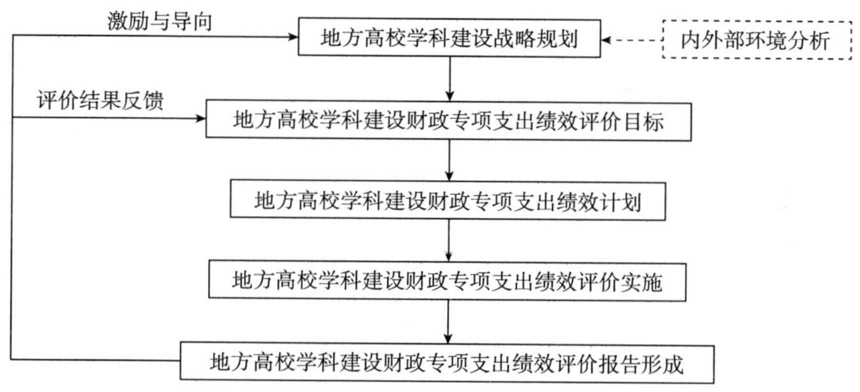

图 5－1　地方高校学科建设财政专项支出绩效评价运行机制

第五节　评价指标框架的构建

一　指标选取的原则

1. 客观性原则

高校学科建设的业绩是通过高校服务社会的职能体现出来的，如人才培养质量、师资队建设情况和科学研究水平等，绩效评价指标的选择要能够以真实可得的数据来反映高校学科建设的业绩，尽量用可量化的指标，以求对被评价对象绩效的描述具有客观真实性。

2. 可得性原则

主要是指在对高校学科建设支出进行绩效评价时所采集的数据、相关指标的设计要具有实现的可能性。在实际工作中，受到条件限制，有些指标在短期内无法获得，只能放弃。比如，学生和家长对学校的满意度、用人单位满意度等都是衡量高校学科建设支出社会效益的重要指标，但是受到条件的限制，在短期内无法获得，因此，只得舍弃。

3. 目标导向性原则

高校学科建设支出绩效评价的目的是更好地引导和鼓励高校的学科建设朝着高教强省的目标方向发展，而不是单纯的高校排名。且学科建设专项资金属于财政支出，因此，所选择的绩效评价指标应能够反映财政资金使用的经济性、效率性、有效性、公平性和生态性要求，体现高校学科建设的价值取向。同时，还要注重使用绩效考评的结果对被评价高校的学科建设方向加以引导和控制，强化绩效评价的目标导向的作用。高校会根据绩效指标改进学科建设的努力方向、提高水平，因此，绩效评价指标的选取就代表了政府的政策意图。

4. 统一性原则

由于高校的种类很多，有研究型大学、教学型大学，有综合类高校也有专业型院校，有文科类大学也有理科类大学，不同的学校类型其发展定位和培养目标差异很大，但都接受政府的委托，为经济发展提供人力和智力条件。如果针对不同类型的高校分别设置绩效评价指标，其精准性会很高，但是增加了评价的成本，鉴于高校有着统一的培养人才、科学研究和服务社会等职能，根据以上职能结合高校学科特点，在指标设计时把地方高校学科建设分为文科类学科建设和理科类学科建设两大类，进行统一的指标设计。

5. 间接性原则

在我国，高等教育大多数是以公立高校形式存在，属于社会公益性服务，因此，高校学科建设的绩效不仅仅包含经济效益，还包含社会效益，而社会效益多属于隐性指标，与绩效指标选择的客观性相冲突。在指标选择中引入间接性原则，采用间接性的方式来反映直接的结果，如利用高校毕业生的首次就业率、毕业率、毕业生论文优秀率等来反映高校学科建设中的人才培养质量。

6. 相关性原则

所选择的指标能够有效说明各高校学科建设的绩效水平，而不会引起误导或出现偏差。比如，学校的历史沿革、学科差异、固定资产总额、校园面积等指标的高低与学科建设支出绩效的相关性不强，则这些指标就不应该选择。

二 指标选取的标准

1. 系统性

选取指标的系统性标准是指指标要符合全面性和一致性。高等教育的产出具有外部性，从高等教育的职能看，有教育、科研和服务社会三大职能，需要多项指标对高等教育的不同方面的业绩和效果进行全面的描述，指标的选取要考虑到高校学科建设的各利益相关者所关心的问题，把学科建设的成效分解为多项指标，将各利益相关者的利益融入合理而可行的指标当中，确保这些指标涉及所有利益相关群体的利益；描述高校绩效的指标是一个有机整体，它们之间既相互独立又具有逻辑上的一致性，指标间不重复、不排斥、不遗漏，选择指标要协调不同利益相关者的利益诉求，绩效指标和管理活动不可分割，所有指标组成的体系关注的重点是绩效以及如何改善绩效。

2. 可测定性

绩效指标的测量方法是可操作的，可以独立考核，能够客观反映高校学科建设的业绩；指标是可靠而有效的，测量方法一旦确定，即使操作的人不同，其结果也会保持一致。绩效指标的可测行要求所选取的指标尽量是定量的，即使是无法定量的，采用定性指标时也应通过公式等加以量化，且指标的选取要能够准确地把学科建设和高校其他经费支出区别开来，围绕学科建设的师资队伍、科学研究、平台建设等方面，具有针对性。

3. 可评价性

指标可为评价所用，且所选择的评价指标应该做到以最少的数量描述评价对象的主要业绩，另外，指标应有区分度，以客观、公正地反映出不同评价对象在业绩上的差异，评价结果应当基本符合对象的现状。

三　评价模型与评价指标体系的构建

1. 地方高校学科建设财政专项支出绩效评价模型的构建

依据前文提出的地方高校学科建设财政专项支出绩效评价的理念，结合美国学者塔弗尔比姆（Stufflebeam D. L.）于1967年提出的CIPP评估模型。本书构建了适合地方高校学科建设财政专项支出绩效评价的模型。如图5－1

所示。CIPP 评估模型由背景评估（Context evaluation）、输入评估（Input evaluation）、过程评估（Process evaluation）、成果评估（Product evaluation）四项评估组成。适合开展周期长、可持续性改进的项目，因此适合对高校学科建设财政支出绩效评价指标体系的设计。

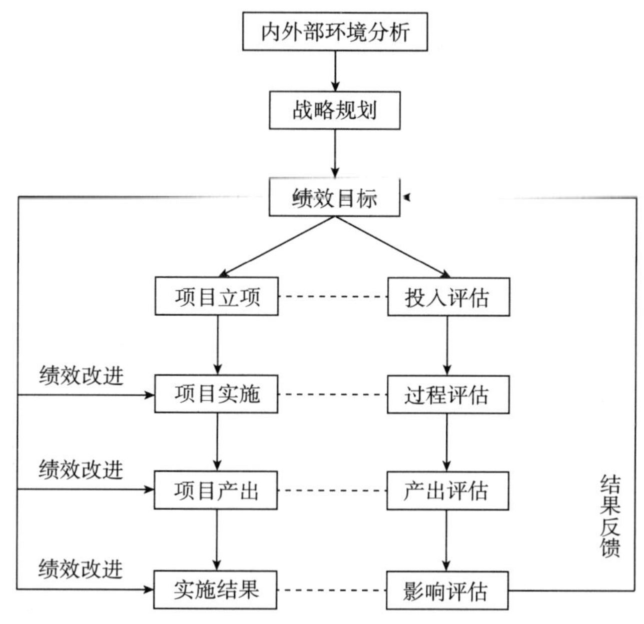

图 5－2　地方高校学科建设财政专项支出绩效评价模型

（1）内外部环境分析。这个环节是高校对校内外环境的了解认识，依据学校所面临的机遇和挑战以及自身所拥有的优势和劣势，分析得出本校学科建设发展的方向。外部环境分析是了解地方经济社会发展中所需要的人力资源、科学技术等方面的信息，内部环境分析是对本校自身优势学科、特色学科、基础学科、辅助学科等的了解，本校进行学科建设所具备的条件，如是否有或者能否引进学科带头人、构建学科队伍，是否具备该项学科建设的相关条件。

（2）战略规划。根据内外部环境分析，规划地方高校学科建设的未来发展前景，建立战略发展计划，明确学科建设发展的战略目标，为学科建设活动提供愿景规划。

（3）绩效目标。为了实现战略计划，近期高校学科建设所要达到的绩效目标。

（4）项目立项与投入评估。地方高校根据设立的绩效目标，提出项目申请，由相关主管部门审批，项目得以立项，开始进行财政资金投入、高校配套资源投入。投入评估是对地方高校开展学科建设活动的投入情况的分析。通过对学科建设资源信息搜集和资源使用情况的评价判断该校是否具备实现决策中制定的学科建设目标和必要条件。地方高校学科建设的投入主要有人力资源、财力资源和物力资源投入，人力资源投入是高校投入的专任教师数量，财力资源是对高校学科建设的经费投入，物力资源是学科建设的物质条件保障，如重点实验室、学科建设基地等，也是需要资金投入得以实现的，因此对地方高校学科建设的投入分析中的物力资源和财力资源可以以资金投入规模和资金使用情况来衡量。

（5）项目实施与过程评估。项目立项成功后开始实施项目。过程评估对学科建设专项的资金落实情况、项目的管理制度建设情况、项目的组织管理、经费管理等情况进行评估，促使高校在项目实施的过程中进行组织人员的管理、经费的管理、相关的规章制度，保证项目顺利的实施。

（6）项目产出与成果，产出与影响评估。项目的产出和成果是地方高校学科建设活动为社会输送的高级专门人才和科学技术。产出与成果评估是对学科建设活动最终是否达到目标进行衡量，评价其目标完成程度。包含学科建设的质量（如通过学科建设实现的人才培养情况、科学研究水平等），社会效益（如学生、教师、家长和用人单位的满意度，科研成果应用情况等）。

通过绩效评价结果反馈，考察地方高校学科建设是否实现了既定的绩效目标，找到学科建设活动中提高绩效的方法，作为改进绩效的参考。

2. 地方高校学科建设财政专项支出绩效评价指标体系的构建

由于地方高校特有的地域性的特征，我国各个省（市、区）经济社会发展情况不尽相同，其战略发展规划及产业结构也不相同，财政对高校学科建设的支持情况不完全一样，因此，对地方高校学科建设财政专项支出绩效评价指标的设置要因地制宜，本书以吉林省高校人文社科类学科建设为例设计绩效评价指标体系，供其他区域地方高校学科建设财政专项绩效评估参考。

（1）绩效评价指标体系。本书根据研究所设定的绩效评价模型及绩效评价理念，构建一套地方高校学科建设财政专项资金的绩效评价指标体系，为财政高校学科建设专项支出绩效评价提供有效参考，结合后文应用的数据包络分析评价方法，指标体系中设置四个一级指标：项目决策、项目投入、项目实施、项目绩效。该指标体系不仅涉及地方高校学科建设财政专项支出的投入和产出的成果，而且涉及地方高校学科建设对地方经济发展目标实现的影响的方方面面，如表 5－1 所示。

表 5－1　　地方高校人文社科类学科建设财政专项支出绩效评价指标体系

一级指标	二级指标	三级指标
项目决策	战略目标适应性	与省份发展战略目标相符性
	项目立项合理性	目标定位符合地方产业发展需要
项目投入	财政投入情况	项目资金投入规模（万元）
		在职教师人数
	财政资金使用情况	专项经费的制度建设及执行
		财务资料的完整性
		财务资料的真实性
项目实施	项目制度管理情况	项目制度建设情况
		项目管理制度执行情况
	项目组织管理情况	项目监管机构
		项目监管情况
项目绩效	人才培养	在校学生人数
	科学研究	获批国家社会科学基金数量
		发表 CSSCI 论文数量

①项目决策指标。考察地方高校所确定的学科建设绩效目标是否与战略目标相符、是否满足地方产业发展需要。高校学科建设支出的目标依据高校发展战略规划而制定，因此不应局限于学科平台建设、科学研究、学位授权点等狭隘的视野，应该以学科建设未来发展空间和学科建设规划为主线，统筹学校战略发展规划、队伍建设规划、校园建设规划，以学科建设带动高校其他方面发展。

②项目投入指标。对于高校学科建设的投入体现在人力资源、物力资源和财力资源方面，人力资源投入情况通

过高校专任教师人数配备情况来考核，物力资源投入体现在学科建设的平台建设，如重点实验室、学科建设基地的规模等，是需要资金投入得以实现的，因此物力资源和财力资源可以以财政资金投入规模和资金使用情况来衡量。财政资金投入后，考察资金使用是否有可依据的规章制度，以及使用过程中的相关财务工作情况。

③项目实施指标。考察项目实施过程中，高校是否有完善的管理机构和管理制度对项目实施进行监管和资源调控配置，具体包含项目的管理制度情况、组织管理情况。

④项目绩效指标。考察高校学科建设的产出和成果。高校学科建设是高校进行教学科研活动的重要部分，学科建设活动不仅会产生量的增长，还要实现质的飞跃。因数据的获得性，本书对高校学科建设活动的成果的考察，以人才培养体现于在校生人数，由于各个高校学科之间的差异，很难对不同的科研成果进行直观的比较，因此对科学研究方面的绩效考察可以采取被社会采用的学术成果，如高校历年获批国家社会科学基金数量、发表 CSSCI 论文数量。

（2）绩效评价指标解释。依据绩效评价指标选取的客观性、可得性、目标导向性、统一性、间接性和相关性原则，结合吉林省地方高校人文社科类学科的特点，本书在四个一级指标下设计了 8 个二级指标、14 个三级指标，其中三级指标在数据可得的前提下选取有代表性的能准确描述评价对象的指标，在以后的绩效评估实践中应不断充实，形成完善的指标库，尽量做到对评价对象的全面衡量。

①项目决策指标。一是战略目标适应性。通过内外部

环境分析而制定的本校的战略规划和目标是否真正与地方经济社会发展战略目标相适应，考察地方高校学科建设的方向是否与地方发展方向一致。二是项目立项合理性。地方高校学科建设目标地位是否符合地方产业发展需要，学校培养的人才及科学技术能否为地方产业发展做出贡献。

②项目投入指标。一是财政投入情况。地方政府对高校学科建设专项资金补助投入规模和财政支持下地方高校学科建设教师投入情况，为该学科建设中投入的高校在编在职教师人数。二是财政资金使用情况。学科建设财政专项经费使用管理制度的建设及执行情况，财政资金投入、支出、资产等财务基础资料的真实性和完整性。

③项目管理指标。考察项目实施过程中的配套管理措施。一是项目制度管理情况。对学科建设活动开展情况进行监管的管理制度建设和管理制度执行情况。二是项目组织管理情况。学科建设活动中是否有专门的管理机构和人员对学科建设专项经费使用和学科建设情况进行监管，监管情况如何。

④项目绩效指标。一是人才培养。是考察学科建设活动所培养的为地方社会所用的高级专门人才的质量和学科建设活动是否具备培养人才的能力和条件。对学科建设培养人才的质量考察其实还应该有社会用人单位满意度及学生对教学质量的满意度调查情况分析，由于受数据收集能力所限，此项指标暂不考虑。二是科学研究。学科建设活动中科学研究的成果可以通过高校历年获批国家社会科学基金数量、发表 CSSCI 论文数量来衡量。

第六节 评价方法的确定

在市场经济条件下，高校既是财政资源的使用者和经营者，又是提供高等教育的生产者，因此，对地方高校学科建设财政专项支出绩效评价起着引导地方高校合理配置并有效使用财政资源为地方提供经济和社会发展所需要的高级专门人才和科学技术的作用。对高校学科建设效率的追求体现了经济发展对高校的制约作用，但是高校学科建设具有特殊性和独立性，高校作为非营利机构，其产出和投入之间只有从长期才能体现其关联性，所以在对地方高校学科建设财政专项支出绩效评价时要注意到绩效的时滞性，借助合理的技术支持对地方高校学科建设活动在不同时期的产出进行比较分析，可以实现对高校学科建设绩效的一定周期的评价，帮助人们判断高校发展所处的具体阶段及其发展规律。对地方高校学科建设财政专项项目决策、项目管理情况需要专家依据地方经济社会发展规划、地方政府制定的绩效管理方面的规章制度结合被评价高校学科建设立项和实施情况逐项打分，可以综合地方所有高校相同学科建设情况取平均值作为评分设置依据。本书预引入数据包络分析方法对地方高校学科建设财政专项的投入和产出绩效进行评价，以实现绩效评价工作中得以有技术支持，绩效评价结果客观真实性。

已有的一些绩效评价方法得到的指数反映的是被评价对象的客观基础条件的优劣，反映了被评价对象一个时期内静态的学科建设实力水平，并没有对各个高校对学科建设绩效改进的动态管理和努力程度的描述。我们知道，教育的产出是具有时滞的，所以也许一个高校在一定时期内学科建设绩效得分高仅仅是前期投入较高或者前期学科建设水平较好，而另一个高校学科建设绩效得分低有可能是受前期资金紧张等影响所导致的，因此，静态地分析学科建设支出绩效水平是有缺陷的，所以本书采用数据包络分析方法确定被评价高校的动态努力程度。

数据包络分析法（Data Enerlopment Analysis，DEA）源自 1957 年英国学者费莱尔（Farrell）在对英国农业生产进行分析时提出的包络思想，随后由美国运筹学家 A. Charnes 和 W. W. Cooper 等以相对有效的概念为基础对同一类型的实体的绩效进行比较分析的系统分析方法。

地方高校学科建设活动涉及多投入、多产出，且产出要素的表现形式具有多样化，衡量产出的数据类型不同，数据包络分析法对投入和产出指标具有较大的包容性，采用数据包络分析法评价的指标数据间可以是不同的计量单位，而且不需要确定指标间的权重，避免了指标赋权的主观偏向性。数据包络分析方法把被评价对象分为不同的决策单元（Decision Making Unit，DMU），这些不同的决策单元就构成了被评价群体，以各个决策单元的投入和产出权重为变量，对投入和产出比率的综合分析，确定有效生产前沿面，并根据各决策单元与有效生产前沿面的距离状况，确定各 DMU 是否 DEA 有效，同时还可用投影方法指出非 DEA 有效或弱 DEA 有效的原因及应改进的方向和程度。

DEA 数据分析方法不需要预先估计参数，避免了确定各指标权重的问题（因为即使采用现在众多学者使用的层次分析法，也无法避免权重赋值的主观因素）；对决策单元进行评价不需要知道决策单元的投入和产出之间是否存在某种显性关系；评价指标不用无量纲化；不仅给出各个决策单元的评价结果，而且给出非 DEA 有效和弱 DEA 有效 DMU 的原因和改进路径。而且，尽管不同高校的学科建设方向和性质内容不同，但是都是以教书育人和科学研究为目的，从事的都是同质的工作，因此，高校学科建设间具有可比性，属于同类型的单位，而且，从衡量高校学科建设活动的绩效指标上看，符合多投入和多产出的前提条件，适合运用数据包络分析方法进行绩效评价。

第六章

实证分析

——以吉林省地方重点高校人文社会科学类重点学科建设财政专项支出绩效评价为例

在深入贯彻落实科学发展观的指导思想下，吉林省委、省政府于2010年印发了《吉林省中长期教育改革和发展规划纲要（2010—2020年）》，确立了科学发展、加快振兴、富民强省的战略目标，对教育提出了新的更高要求，大力推进教育与科技、经济、民生的紧密结合，提出全面提高高等教育质量、优化学科结构办出高校特色、培养高素质专门人才和拔尖创新人才，以社会经济发展需求为导向、学科发展为基础、提升科学研究水平，加强高等学校重点科研创新基地与科技创新平台建设，推动大学科技园建设等高校工作方针。并出台了《高等教育强省的意见》（吉发〔2013〕82号），提出转变高等教育发展方式、提高高等教育质量的要求，加强学科专业建设，促进高校在地方产业结构升级、产业技术创新方面发挥主力军作用，吉林省加大对高等教育经费投入，并建立考评监督机制。为了规范财政资金管理、加强资金使用效益，省财政厅和教育厅于 2013 年印发了《吉林省高等学校财政专项拨款与财务管理绩效挂钩暂行办法》（吉财教〔2013〕81 号）（后于 2014 年印发《吉林省高等学校财政专项拨款与财务管理绩效挂钩方法（修订)》（吉财教〔2014〕645 号）和《吉林省高等学校财政定额拨款与本科教学工作绩效挂钩暂行办法》（吉财教〔2013〕82 号)，在全国率先试行将高校财政专项拨款与学校财务管理绩效挂钩、将财政定额拨款与本科教学工作绩效挂钩，并根据《吉林省省级财政专项资金管理办法》（吉政发〔2014〕10 号）制定了《吉林省省属高校学科建设类财政专项补助资金绩效评价暂行办法》（吉财教〔2013〕108 号）对地方高校 2011 年以后的学科建设类财政专项补助资金进行中期检查和验收评价。

吉林省委省政府 2013 年出台的《关于建设高等教育强省的意见》（以下简称《意见》）中第四点坚持特色发展，加强学科专业建设中第 14 条提出突出学科专业建设，统筹推进重点学科专业建设，建设省级重点学科，《意见》提出发挥高校人才和科技的优势促进经济社会更好更快地发展的战略。吉林省高等教育工作的重点是以重点领域跨越式发展为引领，全面提升高等教育办学质量，优先发展与吉林省战略新兴产业、支柱产业、优势产业密切相关的专业，对传统专业进行适应性改造，超前部署一批重点、新型、特色学科建设。地方重点高校是吉林省高等教育的中坚力量，本书把吉林省 10 所重点高校列为评价对象的筛选范围（延边大学、东北电力大学、吉林农业大学、吉林师范大学、吉林财经大学、长春工业大学、长春中医药大学、北华大学、长春理工大学和省属重点高校中唯一一所私立高校——吉林华侨外国语学院），其中，省财政对吉林华侨外国语学院的补助实行非营利性民办高校改革试点，从2012年至2014年，省财政对吉林华侨外国语学院的补助实行非营利性民办高校改革试点，采取每年3000万元的包干补助形式，其财政资金拨付形式不同于其他高校，因此，不列入本书的绩效考评对象筛选范围。在其他9所高校中，分别开设了不同的专业，有不同方向的学科建设，不同类别学科建设经费使用情况也不相同，自然科学类重点学科和人文社会科学类重点学科之间的学科建设财政专项资金内部分配比例也不相同。省财政对地方重点高校省级人文社科类重点学科建设投入涉及5个高校24项，如表6－1所示，其中重中之重学科5项，优势特色一级学科18项，优势特色立项培育一级学科1项，本书对以上5所高校重点学科的财政专项资金投入进行绩效评价分析，考察其从2015年至2019年学科建设财政专项资金使用效益。在绩效评价中本书采用DEA数据分析方法，对各高校的学科建设财政专项资金绩效进行时间序列分析，并对5所高校间的人文社科类学科建设财政专项资金绩效进行横截面分析，找到绩效优劣的原因，提出改进绩效的建议。

表6－1　吉林省地方重点高校重点学科建设财政专项资助范围

学科名称	学科代码	学科带头人	类型	学校名称
外国语言文学	502	金柄珉	重中之重学科	延边大学
理论经济学	201	金华林	优势特色一级学科	延边大学
民族学	304	朴今海	优势特色一级学科	延边大学
中国语言文学	501	崔雄权	优势特色一级学科	延边大学

续表

学科名称	学科代码	学科带头人	类型	学校名称
外国语言文学	502	金柄珉	优势特色一级学科	延边大学
世界史	603	李宗勋	优势特色一级学科	延边大学
农业资源利用	903	赵兰坡	优势特色一级学科	吉林农业大学
农林经济管理	1203	郭庆海	优势特色一级学科	吉林农业大学
中国史	602	范立君	重中之重学科	吉林师范大学
马克思主义理论	305	张波	优势特色一级学科	吉林师范大学
中国语言文学	501	李秀云	优势特色一级学科	吉林师范大学
哲学（与社科院共建）	101	邹之坤、邵汉明	优势特色一级学科	吉林师范大学
教育学	401	吴振利	优势特色立项培育一级学科	吉林师范大学
世界史	603	郑毅	重中之重学科	北华大学
马克思主义理论	305	刘和忠	优势特色一级学科	北华大学
历史学	601	郑毅	优势特色一级学科	北华大学
工商管理	1202	佟大新	优势特色一级学科	北华大学
世界史	603	郑毅	优势特色一级学科	北华大学
理论经济学	201	丁堡骏	重中之重学科	吉林财经大学
应用经济学	202	宋冬林	重中之重学科	吉林财经大学
法学	301	傅穹	优势特色一级学科	吉林财经大学
工商管理	1202	孙丽辉	优势特色一级学科	吉林财经大学
马克思主义理论	305	关晓丽	优势特色一级学科	吉林财经大学
公共管理	1204	胡岳岷	优势特色一级学科	吉林财经大学

资料来源：《吉林省高等教育质量报告（2015）》。

第一节　数据指标的采集与整理

为了充分了解目前吉林省 9 所省属重点高校的投入产出效率，我们以 2015—2019 年的财政项目资金投入和财政支持在职教师人数为投入数据，其中，学科建设专项资金投入以历年“吉林省教育厅财政拨款支出预算表”中的项目支出为依据，在职教师人数以历年“吉林省教育厅单位基本信息情况表”中财政负担的事业人数为依据；以2015—2019 年的各高校在校学生人数、获批国家社会科学基金数量、发表 CSSCI 论文及 SSCI 论文为产出数据，对 9 所高校的相对比较效率进行了相关的分析。其具体的投入数据因不便公开，而未在模型运算过程中体现。

在表 6－2 中的 9 所高校中前 5 所高校学科建设是相对偏人文社科类的院校，而后面的 4 所高校学科建设是偏自然科学类的院校。在本书中我们重点要对前 5 所人文社科类高校的投入产出效率展开评价。

表 6－2　　2015—2019 年获批国家社会科学基金数量　　单位：项

学校名称＼年份	2015	2016	2017	2018	2019	总计
延边大学	11	10	15	8	11	55
吉林农业大学	0	0	3	2	1	6
北华大学	2	1	0	4	2	9
吉林师范大学	5	7	4	5	5	26
吉林财经大学	3	3	5	2	5	18
长春理工大学	0	2	0	1	2	5
长春中医药大学	0	0	0	0	1	1
东北电力大学	1	2	0	2	0	5
长春工业大学	0	2	0	2	0	4

资料来源：全国哲学科学工作办公室网站，项目类型包括重点、一般、青年及西部项目。

数据包络分析方法作为评价决策单元相对有效性的方

法，常用于评价具有多投入多产出的决策问题。然而，传统数据包络分析方法并不适用于时间序列数据的评价。为此，马占新首次提出了广义数据包络分析方法，并将此方法推广到了具有时间序列投入产出数据的决策单元相对有效性问题。在广义数据包络分析方法中在决策单元的选取、构造及评价方法方面的多样性，受到了众多学者及管理者的青睐。

表 6－3　2015—2019 年发表 CSSCI 论文数量　单位：篇

学校名称＼年份	2015	2016	2017	2018	2019	总计
延边大学	50	115	111	110	96	482
吉林农业大学	26	20	29	46	41	162
北华大学	66	56	57	44	32	255
吉林师范大学	73	67	94	92	85	411
吉林财经大学	69	59	59	61	72	320
长春理工大学	24	39	21	29	31	144
长春中医药大学	6	7	5	2	11	31
东北电力大学	25	23	30	25	21	124
长春工业大学	16	23	27	29	39	134

资料来源：中国知网，所有论文是此大学的第一署名单位论文。

表 6－4　2015—2019 年发表 SSCI 论文数量　单位：篇

学校名称＼年份	2015	2016	2017	2018	2019	总计
延边大学	1	1	0	0	0	2
吉林农业大学	1	4	1	3	9	18
北华大学	1	0	3	7	4	15
吉林师范大学	2	1	4	7	1	15

续表

学校名称 \ 年份	2015	2016	2017	2018	2019	总计
吉林财经大学	0	0	1	2	3	6
长春理工大学	0	0	2	3	9	14
长春中医药大学	0	0	0	0	1	1
东北电力大学	0	0	0	7	2	9
长春工业大学	0	0	1	2	2	5

资料来源：Web of Science 核心集，所有论文是此大学的第一署名单位论文。

第二节　评价结果与结论

首先，为了对被评价 9 所高校过去 5 年的整体情况进行相对比较，我们以这 9 所高校的平均投入数据及平均产出数据为样本决策单元，分别用规模收益不变的 CCR 模型及规模收益可变的 BCC 模型对这 9 所高校进行了评价。其各大学的效率值如表 6－5 所示。

表 6－5　2015—2019 年 9 所高校平均投入产出数据相对效率分布

学校名称 \ 相对效率	CCR 效率	BCC 效率	CCR 超效率
延边大学	1	1	1.820
吉林农业大学	1	1	1.280
北华大学	1	1	1.212
吉林师范大学	1	1	1.256
吉林财经大学	1	1	1.229
长春理工大学	0.712	0.716	0.711

续表

学校名称 \ 机对效率	CCR 效率	BCC 效率	CCR 超效率
长春中医药大学	0.931	1	0.930
东北电力大学	1	1	1.012
长春工业大学	0.908	0.916	0.907

通过表 6－5 可以看出，前 5 所文科类学校均是有效的，后面的 4 所理科类高校中，东北电力大学在 CCR 模型和 BCC 模型中均是有效的，长春中医药大学是在规模收益可变模型 BCC 中有效的，而理科特色较为明显的长春理工大学的效率值相对最低。

为了进一步区分有效决策单元之间的差异，在表 6－5 中进一步给出了 9 所高校的 CCR 超效率。通过 CCR 超效率可以看出延边大学的相对优势更高，5 所文科类院校的超效率相对较高，其他 4 所理科类高校的超效率相对较低。这说明了吉林省的 5 所文科类高校过去 5 年表现相对 4 所理科类高校具备了相对优势，但其差距并不明显。

在对过去 5 年总体情况展开评价的同时，我们再次对 2019 年 9 所高校的相对效率展开了评价。其具体评价结果如表 6－6 所示。通过表 6－6 我们发现，2019 年前 5 所文科类高校中北华大学在规模收益不变的情况下是无效的，这与 5 年平均投入产出数据的效率值不同，这一结果需要引起管理者的重视。值得关注的是，2019 年长春工业大学在 CCR 模型及 BCC 模型中均是有效的，而吉林财经大学 2019 年的超效率明显高出了 5 年平均水平。

表 6 -6　　2019 年 9 所高校投入产出数据相对效率分布

学校名称＼相对效率	CCR 效率	BCC 效率	CCR 超效率
延边大学	1	1	1. 422
吉林农业大学	1	1	1. 347
北华大学	0. 834	1	0. 834
吉林师范大学	1	1	1. 088
吉林财经大学	1	1	1. 873
长春理工大学	0. 849	1	0. 849
长春中医药大学	0. 933	1	0. 933
东北电力大学	0. 957	0. 976	0. 957
长春工业大学	1	1	1. 286

在了解 5 年平均水平及 2019 年相对效率展开相关分析的基础之上，我们再次利用广义 DEA 方法对全部年度 9 所高校的 45 组投入产出数据进行了相对有效性评价。相关评价结果如表 6 -7 所示。

表 6 -7　　以所有年度 9 所高校的投入产出数据为样本决策单元后的各个决策单元效率值

学校名称＼年份	2015	2016	2017	2018	2019	平均
延边大学	0. 824	0. 835	1. 000	1. 000	0. 803	0. 892
吉林农业大学	0. 797	0. 807	0. 772	0. 763	1. 000	0. 828
北华大学	0. 702	0. 729	0. 734	0. 946	0. 790	0. 780
吉林师范大学	0. 963	1. 000	0. 972	1. 000	0. 974	0. 982
吉林财经大学	0. 994	1. 000	1. 000	1. 000	1. 000	0. 999
长春理工大学	0. 703	0. 674	0. 696	0. 692	0. 820	0. 717
长春中医药大学	0. 909	0. 896	0. 930	0. 962	0. 912	0. 922
东北电力大学	0. 885	0. 874	0. 883	1. 000	0. 928	0. 914
长春工业大学	0. 807	0. 856	0. 907	0. 917	0. 945	0. 886

通过表6－7不难发现，如果我们以各年度各高校的所有可能投入产出数据为样本决策单元集合，则各高校的效率值将变得普遍较低。其中，延边大学的效率下降幅度相对较大，而吉林财经大学和吉林师范大学的总体表现较好。

另外，如果我们以前5所文科类高校的5年投入产出数据为样本决策单元，相关效率值如表6－8所示。不难看出各个文科类院校的各年度相对效率变化并不大，只有北华大学的效率值有微弱下降。

表6－8　以所有年度前5所高校的投入产出数据为样本决策单元后的各个决策单元效率值

学校名称 \ 年份	2015	2016	2017	2018	2019	平均
延边大学	0.824	0.835	1.000	1.000	0.803	0.892
吉林农业大学	0.797	0.807	0.772	0.763	1.000	0.828
北华大学	0.702	0.729	0.734	1.000	0.790	0.791
吉林师范大学	0.963	1.000	0.972	1.000	0.974	0.982
吉林财经大学	0.994	1.000	1.000	1.000	1.000	0.999

通过前面的评价结果我们对各个文科类院校的相对效率有了较为精准的认识。然而，在实际的管理过程中我们仍然难以明确不同大学未来的改进与学习目标。为此，结合木仁老师所提出的基于偏序集理论的数据包络分析方法，我们再次以9所高校5个年度的投入产出数据为基础的决策单元偏序关系进行了相关展示。其具体图形如图6－1所示。

在图6－1中编号1至编号9的点为2015年度9所高校由表6－1中先后顺序编号后的决策单元，其后的编号点是

2016—2019 年度 9 所高校的编号后的决策单元。如 28 号代表 2018 年度延边大学投入产出数据的决策单元。通过图 6－1 中各大学及相关决策单元偏序关系可以得出 2018 年度的吉林师范大学和 2018 年度的吉林财经大学是众多其他年度大学的学习标杆，2018 年度的东北电力大学也是部分大学的学习标杆。图 6－2 中再次给出了以前 5 所文科类院校为基础的样本决策单元相对效率偏序关系。通过图 6－2 我们依然可以得出类似的结论，2018 年度吉林师范大学和吉林财经大学的投入产出表现是值得我们学习的。未来在制定目标时可充分参考这一年度的投入产出数据。

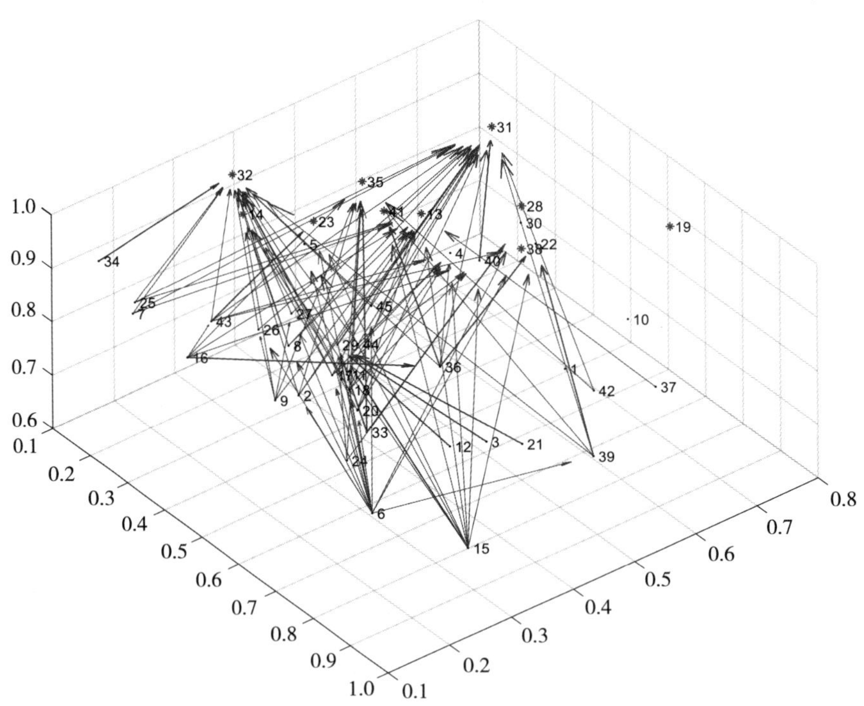

图 6－1　2015—2019 年度各大学相对效率偏序关系（CCR 模型）

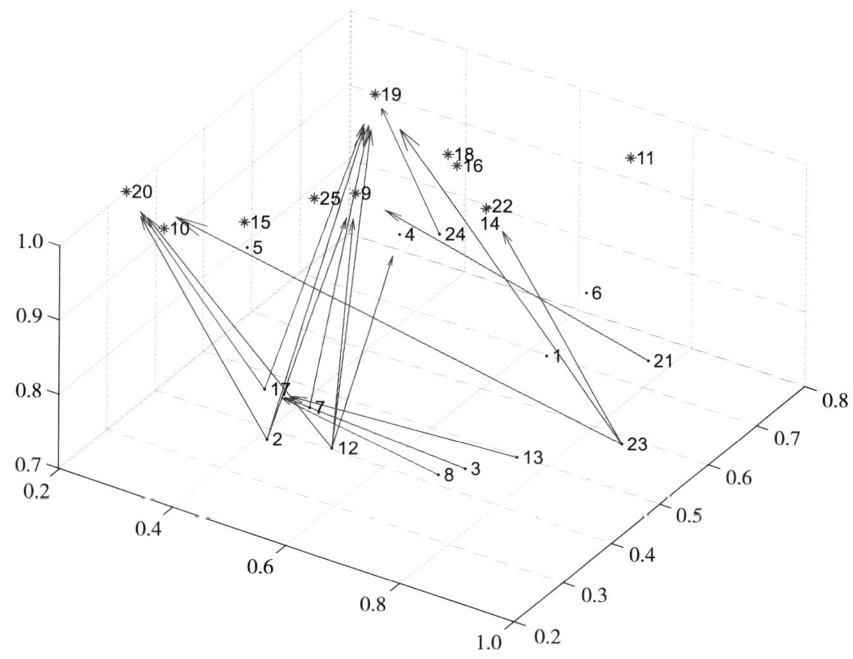

图 6－2　2015—2019 年度前 5 所文科类大学相对效率偏序关系（CCR 模型）

第三节　完善地方高校学科建设财政专项支出绩效评价的政策建议

1. 强化公共服务理念，提高工作绩效意识

我国高等教育的主力军是公立高等院校，而且之前的财政拨款基本上是“吃饭财政”，高校得到的财政补助基本是为了维持学校基本运营的，意即有钱给教师发工资、教师领导工资后能够完成教学任务，有钱布置教学环境、学生有地方上课；工作人员普遍有一种“吃皇粮”的意识，

“自己的工作是有编制的，财政是按照编制拨款的，我是财政养活的”。这种意识导致高校和教职员工并没有明确教学产出的意义，更无法把自己的教学和科研与社会经济发展相关联。而且在绩效评价工作开展需要采集基础数据的时候普遍有抵触情绪，因为好多数据是“保密”的。这就需要高校从上至下强化公共服务的理念，把绩效的理念深入各个部门的工作中；也可以通过绩效评价工作的开展及评价结果的有效应用，使工作人员深刻理解绩效的含义。

2. 建立健全规章制度为绩效评价提供操作规范

高校学科建设财政专项资金绩效评价离不开坚固的法律基础。地方各省（市、区）应该颁布高校学科建设财政专项资金绩效评价的相关政策法规，能够为这类财政专项的绩效管理、评价流程等提供具体的操作指南与规范，财政和教育主管部门可以在理论框架内借鉴地方政府出台的法律法规，出台一些配套的管理细则，明确学科建设专项绩效评价的评价主体、评估对象、评价标准、评价原则和组织方式及评价结果运用等，从而保证绩效评价工作有法可依，强化专项绩效评价的可操作性。在确保高校学科建设专项资金绩效管理的法律地位的同时，也应该在法规政策中明确其权威性与重要性，保障绩效评价工作的开展具有相当的权利免受干扰。另外，相关法规政策的公布，能够使得绩效评价工作引起社会的广泛关注，使得财政专项项目在公众的视野下越发透明，提高绩效评价工作的公信度。这些相关法律法规应该包括高校学科财政专项资金绩效评价办法、绩效目标管理工作规程、绩效评价专家管理办法和绩效评价结果应用办法等一系列相关配套办法，形成一套完整的覆盖绩效评价管理全过程的制度体系，为全面推进学科建设专项资金绩效评价管理工作奠定制度基础。

地方政府颁布的相关法律法规不仅为学科建设专项绩效评价提供操作规范和指南，也可以为绩效评价设计专门的具有普遍适用性的评价方法和工具，现在部分高校开展试点工作，从易到难，逐步推广。

3. 高校内部完善管理体制，成立绩效管理部门

高校是学科建设财政专项资金绩效评价的实施主体，因此推行学科建设财政资金绩效评价除了要具备外部条件，关键是学校内部要深化管理体制改革，为实施绩效评价创造条件。随着学科建设对高校发展的重要性被广泛认知，一些高校已经成立相关的管理部门如学科规划办公室对高校学科建设进行统一规划，这有利于根据自身的办学特点，发展特色学科。但是，面对地方财政部门对高校财政资金的绩效考评，大多数学校把绩效评价工作交给了财务部门，而对财政资金使用的绩效评价不仅仅是经济性和效率性的要求，更是对财政资金使用的有效性审核，财务部门可以很好地完成配合财政审查一所高校财务资金使用的合规性和效率性的工作，但是，对财政资金使用的有效性审核不仅涉及财政资金的投入和使用，还涉及学科建设产出的方方面面，如教务处所管辖的人才培养和教学质量、科研处所管辖的科学研究、研究生院所管辖的研究生与博士生的培养、人事处所管辖的师资队伍建设和高端人才引进等，为了有效统筹这些部门的工作为实现学科建设绩效目标服务，高校应该把绩效评价工作落实到学科建设部门或者成立专门的绩效评价管理部门，其主要职能是：根据地方经

济发展战略和高校自身学科特色制定高校学科发展方向和目标；协调高校内部各个职能部门工作相互配合为实现学科建设绩效目标而努力；根据学校自身情况制定绩效目标和绩效评价指标，对学科建设专项资金使用情况进行自我评价。高校内部成立负责绩效评价工作的部门，可以进行日常工作的随时监管，实现中期绩效考核，保障学校的学科建设方向朝着实现高校内涵发展、提升优势学科努力，而且有利于基础数据的日常收集与整理，为外部绩效评价工作提供完整的基础数据。

4. 建立并完善基础数据库

中央电视台新闻中心杨继红在习近平总书记主持召开2016年党的新闻舆论工作座谈会后，表示：“央视新闻正在努力创设一种新的新闻品类：实证类新闻。”要通过“事实比对、数据分析、信息源追溯这些方法来科学辟谣，来实现有效的舆论引导。”可见，数据对信息的重要性，数据是对事物最真实和客观的反映。在绩效评价工作中，绩效评价指标体系的构建离不开基础数据，因为指标选取要遵循数据可得性的原则、要遵循获得数据过程的经济性原则；绩效评价实施过程离不开基础数据，因为数据的健全直接影响评价结果的真实性；绩效评价结果和建议离不开基础数据，评价工作组要对数据进行分析整理，根据数据反映的信息提供改进建议。因此，为了绩效评价工作顺利开展，前期要保证有完善的数据库。建立并完善基础数据库，需要两方面的努力，一方面是财政和教育主管部门，建立绩效评价指标库，督促高校及时按规定填写指标数据，做好日常数据的收集与整理；另一方面是各个高校，在日常工作中注意对数据的归纳与积累。

以上所提的数据收集方法基本上是针对定量指标所涉及的数据，而对于高校学科建设产出的指标衡量，定性指标较多，我们可以通过指标设计的间接性原则，通过设置一些能够间接反映该产出项的指标来表示，但是要对学科建设产出进行更全面的描述，是离不开定性描述的，如对人才培养的描述指标中用人单位对毕业生满意度、教学质量中学生及家长满意度等，这需要大量的调查问卷实现指标数据的量化以便绩效考核。国外在这方面做得比较好，如澳大利亚开发了全国统一的调查表统计学生对课程的体验和质量的满意程度。我们可以由地方政府相关主管部门协同各高校相关人员共同制定一份适合全省所有高校的问卷，这样实现了数据的可比性。

5. 建立并完善专家学者库，完善对第三方评价机构的管理

地方政府在绩效评价工作中起到的是指导作用，对于绩效评价工作的具体实施，因为专业性强和人数紧张等问题，需要专家和社会中介评价机构辅以进行。专家的选择很重要，不但要具有绩效评价的相关知识，还要对高校学科建设工作很了解，才能设计出合理的绩效评价指标体系。第三方评价机构是独立于高校和政府机构而存在的社会上的评价机构，要保证第三方评价机构的主体独立、经济独立、评价过程独立不受影响，才能确保评价结果公平公正。

6. 绩效评价结果的适度公开和有效应用

绩效评价结果应该根据实际工作情况，在一定范围内得以公开，让各个高校之间对自己的绩效排名有所了解，

在同其他高校的对比中找到提升的方向，而且，公开的信息便于接受社会公众的监督，高校的利益相关者比较多，有学生和家长、用人单位、科研成果应用者等，绩效评价结果的公开，一方面促进高校改进提升绩效，另一方面使得利益相关者了解接受的服务质量。

绩效评价工作的主旨是通过对财政资金使用效益的评价衡量其产出和成果的绩效，并提出提高和改进绩效的方法和建议。因此，只有绩效评价结果的有效应用才能说绩效评价工作的阶段性结束。地方政府可以拨付学科建设专项资金的一定比例作为对绩效较好的高校的奖励，并对绩效不好的高校项目限期整改或者取消项目，提高预算编制的科学性。各高校应该注重绩效评价结果反映的问题及时有针对性地改进绩效，提高专项补助资金的使用效益。

7. 稳步推进绩效评价工作的开展

财政支出绩效评价是一项相当复杂和困难的工作，尤其是高校学科建设专项资金的绩效评价，因其产出较为抽象、收效期较长，本就是一项较难考察的项目，我们可以借鉴国外成功经验，从试点开始，在试点的基础上不断完善绩效评价指标体系和健全基础数据库，对指标体系和评价标准进行实践检验。

笔者在数据采集的过程中走访了省教育厅、财政厅和各个高校相关部门，感触颇深：一是财政预算编制工作更加规范，执行中下达的财政资金逐渐减少，在部门预算编制之初由资金使用单位向相关主管部门递交项目立项申请，力求所有的财政补助资金拨款全部体现在年初的部门预算中，这是规范财政资金绩效管理的基础；二是绩效评价指标中的产出指标涉及的基础数据相对来说比前几年较容易获得，说明教育主管部门越来越重视财政资金的使用效益，开始要求高校按照相关的指标填报数据，而且自2013年开始吉林省高等学校就业指导中心开始组织高校编写就业质量报告，详细分析了高校毕业生就业率等毕业生质量的相关情况，有利于数据库的建立和完善；三是各个高校也开始重视学科建设对高校发展的影响，有些高校成立了学科发展规划处，这有利于高校学科建设产出指标的获得。以上从财政和教育主管部门到地方各高校所做的努力，为高校学科建设财政专项资金绩效评价工作的开展奠定了良好的基础。

参考文献

安秀梅、邵世才：《政府公共支出绩效评价方法的国际比较与我国评价方法的选择》，《财政监督》2007 年第 3 期。

安秀梅：《政府绩效评估体系研究》，中国财政经济出版社 2009 年版。

奥斯本、普拉斯特里克：《再造政府》，中国人民大学出版社 2010 年版。

包建玲：《高校预算绩效评价指标体系研究》，《南京审计学院学报》2009 年第 6 期。

北京市财政局高等教育支出绩效评价课题组：《北京市高等教育支出绩效评价研究》，《财政研究》2005 年第 12 期。

蔡军：《绩效导向型公共预算管理研究》，中国书籍出版社 2013 年版。

蔡敏：《绩效评价：美国提升高等教育质量的重要举措》，《教育研究》2008 年第 3 期。

陈海峰：《高校专项资金绩效评价指标体系研究》，《商业经济》2009 年第 5 期。

陈俊生、杨帆：《高等教育支出绩效评价的国际比较》，

《才智》2011 年第 10 期。

陈天祥:《新公共管理——政府再造的理论与实践》,武汉大学出版社 2007 年版。

成刚、袁佩琦:《构建公共教育支出绩效评价指标体系的研究》,《继续教育研究》2007 年第 6 期。

丛树海、周炜:《中国公共教育支出绩效评价研究》,《财贸经济》2007 年第 3 期。

崔元锋、严立冬:《基于 DEA 的财政农业支出资金绩效评价》,《农业经济问题》2006 年第 9 期。

戴维·奥斯本、特德·盖布勒:《改革政府》,上海译文出版社 2006 年版。

丁丽军:《澳大利亚高等教育质量保障模式研究》,博士论文,华东师范大学,2010 年。

东北财经大学经济与社会发展研究院课题组:《高等教育财政拨款体制的国际比较》,《经济研究参考》2004 年第 60 期。

东北财经大学课题组:《公共教育支出绩效考评制度国际比较研究》,《经济研究参考》2006 年第 92 期。

东北财经大学课题组:《我国公共教育支出绩效考评体系的历史沿革与现状分析》,《经济研究参考》2006 年第 92 期。

杜海燕:《澳大利亚大学发展史研究》,河北大学出版社 2011 年版。

杜兴洋、田进:《公共教育支出绩效评价的研究现状》,《财政研究》2007 年第 6 期。

杜兴洋:《公共教育支出绩效评价的研究思路》,《武汉商业服务学院学报》2007 年第 21 期。

段钢：《国外绩效考评理论研究综述》，《基于全球视角的人力资源理论与实践问题研究——国际人力资源开发研究会第六届亚洲年会论文集》2007 年。

弗朗西斯·福山：《国家构建——21 世纪的国家治理与世界秩序》，黄胜强、许铭原译，中国社会科学出版社 2007 年版。

高艳梅、赵国金：《当代英国高等教育绩效评估研究及借鉴》，《中国高等教育评估》2013 年第 2 期。

苟燕楠：《绩效预算·模式与路径》，中国财政经济出版社 2011 年版。

郭芳芳、张男星：《高深知识的生产变革与高等教育绩效评价》，《复旦教育论坛》2012 年第 10 期。

韩东海、付桂彦：《高校科研专项资金绩效评价研究》，《教育财会研究》2014 年第 8 期。

黄思平：《美国公共高等教育的绩效预算与绩效资助述评》，《2008 年中国教育经济学年会会议论文集》。

姜异康、唐铁汉：《政府绩效管理的理论与实践》，国家行政学院出版社 2007 年版。

康玉珠、柏檀：《美国高等教育绩效评估机制及启示》，《商业时代》2007 年第 23 期。

孔志峰：《绩效预算论》，经济科学出版社 2007 年版。

理查德·詹姆士：《澳大利亚本科教育评估与改进的经验》，《复旦教育论坛》2001 年第 1 期。

厉以宁：《教育支出与财政之间长期关系的探讨》，《财贸经济》1982 年第 10 期。

厉以宁:《论教育在经济增长中的作用》,《北京大学学报》1980年第6期。

刘国永:《高等教育财政支出绩效评价指标设计原理、方法及运用》,《教育与经济》2007年第3期。

刘国永:《关于高等教育绩效评价的几个问题》,《大学研究与评价》2008年第6期。

刘晓凤:《高等教育支出绩效评价包容性主体探讨》,《教育评论》2014年第6期。

柳敏、于源:《当代中外财政预算绩效管理荟萃》,经济科学出版社2013年版。

罗伊·梅尔:《公共预算经典——面向绩效的新发展》,苟燕楠、董静译,上海财经大学出版社2005年版。

吕达、周满生主编:《当代外国教育改革著名文献》,人民教育出版社2004年版。

吕炜、王伟同:《中国公共教育支出绩效:指标体系构建与经验研究》,《世界经济》2007年第12期。

吕炜:《绩效预算:国外经验与借鉴》,中国财政经济出版社2007年版。

吕昕阳:《典型发达国家绩效预算改革研究》,中国社会科学出版社2011年版。

马国贤:《教育支出绩效指标难题的破解路径》,《华中师范大学学报》(人文社会科学版)2008年第47期。

马国贤:《论预算绩效评价与绩效指标》,《地方财政研究》2014年第3期。

马国贤:《我国绩效指标体系建设研究——以公共教育支出绩效评价为例》,《行政事业资产与财务》2008年第

1 期。

马海涛等：《公共财政视野下的教育支出绩效分析》，《地方财政研究》2012 年第 6 期。

马骏等：《国家治理与公共预算》，中国财政经济出版社 2007 年版。

毛丹：《美国高等教育绩效拨款政策的形成过程及政策网络分析》，《北京大学教育评论》2015 年第 12 期。

毛丹：《美国高等教育绩效拨款政策研究综述》，《教育学术月刊》2015 年第 3 期。

毛太田：《地方政府公共财政支出绩效评价研究》，光明日报出版社 2013 年版。

茆英娥：《关于我国建立预算绩效评价体系的理论探讨》，《财政研究》2005 年第 10 期。

潘懋元：《潘懋元论高等教育》，福建教育出版社 1980 年版。

彭宇飞、陈俊生：《高等学校教育支出绩效评价指标体系构建》，《山西财经大学学报》2012 年第 34 期。

山东省财政厅干部教育中心：《当代中外财政预算绩效管理荟萃》，经济科学出版社 2013 年版。

上海财经大学课题组：《公共支出评价》，经济科学出版社 2006 年版。

田凌晖：《澳大利亚高等教育质量问责：绩效指标的开发》，《复旦教育论坛》2013 年第 11 期。

童康：《采用“投入—产出”法评估高校效益的局限性和可能性》，《江苏高教》2009 年第 4 期。

王桂娟：《绩效预算的经济学分析——兼论财政职能与

政府效率》，立信会计出版社 2013 年版。

王海涛：《我国预算绩效管理改革研究》，财政部财政科学研究所 2014 年版。

王进杰、胡博：《政府绩效预算管理改革研究》，中国财政经济出版社 2009 年版。

王莉华：《澳大利亚高校科研绩效拨款改革及其影响》，《外国教育研究》2013 年第 40 期。

王莉华：《美国高等教育绩效拨款政策》，《清华大学教育研究》2008 年第 29 期。

王守法、王云霞：《高等教育与区域经济发展关系的理论探讨》，《北京工商大学学报》（社会科学版）2006 年第 5 期。

王淑慧等：《绩效预算的财政项目支出绩效评价指标体系构建》，《财政研究》2011 年第 5 期。

王雍君：《委托代理关系、共用资源池与宏观税负合理区间的界定》，《税务研究》2013 年第 8 期。

王雍君：《预算改革：美国的做法》，《中国财经报》2002 年 11 月 22 日第 4 版。

王峥：《从澳大利亚对大学的评估排名看对高等教育的评价》，《云南师范大学学报》（哲学社会科学版）1996 年第 28 期。

西奥多 · W. 舒尔茨：《论人力资本投资》，吴珠华等译，北京经济学院出版社 1990 年版。

肖毅：《澳大利亚高等教育质量保障体系改革新动向探究》，《外国教育研究》2013 年第 40 期。

徐盛：《高等教育财政支出绩效评价问题初探》，《教育财会研究》2006 年第 2 期。

杨丽、周敏倩：《基于 DEA 方法的政府公共教育支出绩效评价研究》，《中国集体经济》2009 年第 9 期。

杨清华、孙耀斌：《试论重点学科建设中的绩效评价》，《学位与研究生教育》2005 年第 5 期。

杨小波等：《高校财政支出绩效评价存在的问题与对策》，《会计之友》2015 年第 5 期。

杨玉霞：《中国政府预算改革及其绩效评价》，北京师范大学出版集团 2011 年版。

杨云奇、葛新旗：《内涵式发展下我国高等教育绩效拨款方式探索与实践》，《教育财会研究》2015 年第 26 期。

张锦高、虞劲松：《高校专项资金绩效评价指标体系设计方法选择》，《财会月刊》2008 年第 12 期。

张民选：《绩效指标体系为何盛行欧美澳》，《高等教育研究》1996 年第 3 期。

张文利：《高校预算绩效评价体系设计研究》，《财会研究》2009 年第 23 期。

张晓岚、吴勋：《高校预算绩效评价研究：动因、现状与展望》，《财会通讯》（学术版）2007 年第 2 期。

张晓岚、吴勋：《国外高校预算绩效评价研究的背景、现状与启示》，《西安交通大学学报》2007 年第 27 期。

张志超：《美国政府绩效预算的理论与实践》，中国财政经济出版社 2006 年版。

赵翔：《教育支出绩效评价的国际比较》，《财政监督》2007 年第 10 期。

郑晓凤：《美国高等教育绩效拨款特征》，《中国高等教育评估》2006 年第 2 期。

朱志刚:《财政支出绩效评价研究》, 中国财政经济出版社 2003 年版。

祝怀新、李玉静:《澳大利亚高等教育资助制度改革新策略》,《高等教育研究》2005 年第 26 期。

Alexander Cherny and Dilip Madan, "New Measures for Performance Evaluation", *The Review of Financial Studies*, Vol. 22, No. 7, 2009.

Ammons D. N. , *Municipal Benchmarks*: *Thousand Oaks*, Sage Publications , 2001.

Ammons, David N. , " Overcoming the Inadequacies of Performance Measurement in Local Government: The Case of Libraries and Leisure Services", *Public Administration Review*, 1995, 55 (1) .

Behn R. D. , "Why Measure Performance Different Purposes Require Different Measures", *Public Administration Review*, 2003, 63 (5) .

Dension E. F . , *The Sources of Economic Growth in the United States and the Alternatives before Us*, New York: Committee for Economic Development, 1962.

Gaither, Gerald, et al. , *Measuring Up*: *The Promises and Pitfalls of Performance Indicators in Higher Education*, Accountability, 1995.

Gao, *Government Performance—Lessons Learned for the Next Administration on Using Performance Information to Improve Results*, 2008.

Huling & Emily, *Performance Evaluations*, Rough Notes, 2005.

James Guthrie & Ruth Neumann, "Economic and Non - financial Performance Indicators in Universities", *Public Management Review*, Vol. 9, Issue2, 2007.

Joseph C. Burke & Shahpar Modarresi, *Performance Funding and Budgeting Popularity and Volatility - The Third Annual Survey*, New York: The Nelson A. Rockefeller Institute of Government, 1999.

J. V. Wellman, "*Assessing State Accountability Systems*", *The Magazine of Higher Learning*, Volume 33, Issue 2. 2001.

Kelly & Rivenbark, W. C., *Performance Budgeting for State and Local Government*, New York: M. E. Sharpe, Inc., 2003.

L. R. Jones, Jerry L. Mc Caffery, "Performance Budgeting in the U. S. Federal Government: History, Status and Future Implications", *Public Finance and Management* Volume 10, Number 3, 2010.

Lucas R., "On the Mechanics of Economic Development", *Journal of Monetary*, 1988.

Martin Cave, et al., *The Use of Performance Indicators in Higher Education* , London: Jessica Kingsley, 1988.

OMB, *Guidance for Completing* 2008 *PARTs.*

Osborne, et al., *The Reinvertor's Fieldbook: Tools for Transforming Your Government*, San Francisco, CA: Jossey - Bass, 2000.

Paul M. Romer, "Increasing Returns and Long Run Growth",

Journal of Political Economy, 1986.

Philip G. Joyce, "The Obama Administration and PBB: Building on the Legacy of Federal Performance – Informed Budgeting?", *Public Administration Review*, 2011.

Schick, Allen, *A Contemporary Approach of Public Expenditure Management*, Washington D. C.: World Bank, 1998.

Snadrou Khalid, et al., "Balanced Scoreboard, the Performance Tool in Higher Education: Establishment of Performance Indicators", *5th World Conference on Educational Sciences*, 2014, Vol. 116, 21.

Solow, Robert M., "A Contribution to the Theory of Economics Growth", *Quarterly Journal of Economics*, 1956, 109 (2): 1 –20.

Stuart Kasdin, "*Reinventing Reforms: How to Improve Program Management Using Performance Measures*", *Public Budgeting & Finance*, Volume 30, Issue 3. 2010. pp. 51 –78.

V. O. Key, "The Lack of a Budgetary Theory", *The American Political Science Review*, 1940, Vol. 34, No. 6.

Wholey, Joseph S., "The Case for Performance Monitoring", *Public Administration Review*, 1992, 52 (6).

Wholey, Joseph S. and Kathryn E., "Clarifying Goals, Reporting Results", In *Using Performance Measurement to Improve Public and Nonprofit Programs*, New Directions for Evaluation 75, edited by Kathryn E. Newcomer, San Francisco, CA: Jossey – Bass, 1997.